GUNNHILD
FRA SKOGENE

Dagfinn Grønoset

GUNNHILD FRA SKOGENE

FORLAGT AV

H. ASCHEHOUG & CO. (W. NYGAARD)

OSLO 1982

Dagfinn Grønoset

Vandring i villmark 1952
Finnskog og trollskap 1953
Gull i sporet 1956
Nitahå-Jussi 1957
Villmarksfolk 1959
Med kong Olav mot nord 1959
I Vinjes fotspor 1960
Langs bygdevegen 1960
Bella Capri 1961
Folk fra skogene 1970
Anna i ødemarka 1972
Tater-Milla 1974
Barnet Gud glemte 1979
Vandring i villmark
ny, forøket utgave 1981

30. tusen

Printed in Norway
Centraltrykkeriet
ISBN 82-03-10865-2

Også; og Vårherre;
har gitt mig trygghet!

Gunnhild

Tverrfjellet
Sendsjøvika
TIL ENGERDAL
Kampflået
ampflåhøgda
Engeren
Skagsvola
Ø Metsjøfjellet
Nordli
Brunnsdalen
V Metsjøfjellet
Nordgards
Sandbekklia
Rypåssetra
Stengrundet
Gavlen
Eidet
Engerneset
Skardfjellet
Trysilelva
Smiedalen
Nyvangsetra
Eltedalen
Eltesjøen
Kjølberget
kufjellet
Svartåsen
Slettvola
Dambua
Jordet
TIL INNBYGDA
Vestad
Slettås
Vangen
RENA

– Den som veks opp ved ei steinrøys, blir sterk som en bjønn, sa de gamle i Trysil.

Gunnhild var en slik steinrøysunge. Barndomshjemmet Nordli var en liten husmannsplass, den lå et steinkast oppe i skråningen ved Engersjøen. På vestsiden av sjøen prøvde glissen granskog å kravle et stykke oppover lia, men ga opp og lot snaufjellet ta betingelsesløst over. Så kraftig tøyde fjellrekkene seg til værs, at sjøen og dalen ofte lå i mørke skygger før solkula nådde fram med lyset sitt. Og østafor Nordli-stua gikk det ikke mange slake meterne før landskapet møtte brattlia med litt barskog, bjørk og selje innimellom skjær og stup. På selve hustomta sto en lav stue med to små rom, et fjøs med trang plass til tre kuer og noen geiter og en liten løe som ga plass for en tarvelig vinterfôring. Like innpå stueveggen stakk et stort steinskjær rett opp fra bakken. Der hadde Ola Nordli, far til Gunnhild, bygd et størres – en enkel, liten plankebu der det var murt inn en romslig jerngryte.

Gryta ble brukt til å koke låg og sørpe i – det besto for det meste av høyrusk og hestemøkk. Mager kost var det, men det betydde avveksling og livberging for dyra gjennom lange, matfattige vintrer.

På Nordli var det ikke langt mellom steinrøysene. Far til Gunnhild var et arbeidsjern – han tuktet villmarka og la opp røys ved røys. Der andre så trøsteløst på en karrig jordflekk, så han muligheter. Han hadde bare sin egen handmakt å ty til, pluss en praktisk sans å bruke sammen med en god vilje. En utfordring gikk han aldri av veien for. Og ettersom årene kom og gikk, gravde han opp en pen åkerlapp rundt husmannsplassen. I lyse sommerdøgn, ofte til langt ut over kveldene, klirret det i gråstein mot grevet til Nordli-gubben. Den breie ryggen under arbeidstrøya gynget i taktfast rytme mellom steinskjær og stubber. Han var vant med de enkle redskaper – et treskaft satt som støpt i handa. Det hadde han pent fått lære seg allerede som guttunge – øksa og tømmerskogen kom ingen forbi i hans barndom.

Med årene ble det mange munner å mette på Nordli. Barneflokken vokste til tretten – Gunnhild var den åttende i rekken. Før henne var det kommet fire jenter og tre gutter, etter henne kom to gutter og tre jenter som «perler på ei snor». Og ettersom de vokste til og det kom krefter i småkroppene, måtte de gjøre nytte for seg. Hver unge måtte grave sin egen potetåker mellom steinrøysene. Gunnhild var bare seks år den våren hun gravde ferdig den første åkeren sin og småtrippet av forventning over å sette frøpoteten i jorda. Nå hadde husmannsplassen også fått sin Gunnhild-åker – fra før fantes det både en Minde-åker, Ingeborg-åker, Elise-åker og en Marie-åker på Nordli. Åkrene lå om somrene som grønne lapper mellom gråstein og mørke kløfter. Gledeslapper, syntes ungene på Nordli at det var.

Gunnhild merket mange ganger at det var for hardt å bryte løs halsstarrig stein og frigjøre jorda. Hun dovnet lett i fingertuppene, og det gjorde vondt å rette ryggen etterpå. Men det var enda verre å skaffe gjødsel. Et stykke unna Nordli lå en gammel koie med en stall ved siden av – koia lå tett inntil noen høye graner der lange, mørke kvister hang med tungt alvor over taket. Der hadde tømmerhoggere og kjørekarer ligget om vinteren. Dit gikk Gunnhild med en flettekurv i en bakmeis. Hun fylte hestemøkka med bare hendene i kurven, bandt den fast i meisen og bar gjødsla med stultrende gange fram til den vesle potetåkeren sin. Gunnhild kjente at det rant kaldt og vemmelig fra kurven i meisen, det trengte seg inn under kjolen hennes og videre ned over baken og beina. Men pytt med det, – over vollen på Nordli småpludret en liten bekk, oppmuntrende i tonen og fylt av friskt kildevann. Dit småsprang Gunnhild, vrengte kjolestubben over hodet og vasket seg glinsende ren. Hurra, nå var gjødsla godt blandet i åkerflekken hennens! Og gleden og spenningen over at alt var klart til å putte frøpotetene i jorda, gjorde at hun glemte både hestemøkka og den motbydelige bakmeisen. Nå godkrislet det nesten tvers igjennom henne – så rart det ville bli å se den første potetspiren strekke nyfikenheten opp i dagen.

Det var også andre ting Gunnhild gledet seg over: Når ungene på Nordli skulle legge seg for natta, kom de så nær innpå hverandre. Ungene pakket seg så tett og godt sammen som råd var. De lå omføttes – eller omskarves, som Gunnhild sa – og hun hadde sin faste plass mellom brødrene Ivar og Olaf. Der var det varmt og trygt, der følte hun seg beskyttet. Og en god kroppsvarme var gull verdt, for «madrassen» besto utelukkende av myrhøy og alminnelig gras. Gamle filleryer var lagt over høyet som underlag, nyere ryer ble brukt til å bre over seg med. Nordli-ungene lå på samme høyet fra høsten til neste vår. Når våren kom, gikk «madrassen» i krøttermagen – alt skulle utnyttes. Høyet ble kokt i jerngryta i størreset utafor stueveggen og gitt kuene i trespann. Det kom godt med i vårknipa, disse vanskelige ukene etter at vinterfôret på det nærmeste var brukt opp. Under vårknipa hendte det også at Gunnhild var med og plukket hestemøkk langs tømmerkjørerveiene. «Pærene» ble kokt sammen med høyrusk og hakket granbar og betydde et viktig tilskudd for dyra.

Ungene på Nordli brydde seg ikke mye om at det manglet do på husmannsplassen. De sprang bare bak en stein eller et skjær østafor stueveggen og gjorde sitt der. Ingen så noe merkelig i det – foreldrene gjorde det samme, alt var naturlig og falt ubemerket inn i hverdagen. Sommerstider syntes Gunnhild at det rett og slett var trivelig å sitte på huk bak skjærveggen. Hun var glad i blomster, og det hendte hun satt med en øyentrøst eller en prestekrage i handa og verkenskjolen dratt opp i fanget. Gjevest var det med prestekragen – det var spåblomsten, hadde far sagt. Og Gunnhild bøyde nesetippen nesten ned i kronbladene og lugget dem av mens hun gang på gang gjentok en regle hun hadde lært: – Prest, prost, enkemann, ungkar, fattigmann . . .

På sprengkalde vinterdager erfarte Gunnhild at kulden prikket både i kinn og rumpestuss når hun måtte ut i et nødvendig ærend. Da pilte hun som en strek mellom kjøkkentrappa og steinskjæret, — i dørgapet dampet varmluften som drivende skyer etter henne. Det knirket uhyggelig i dørhengslene. Litt nifst syntes hun det var utafor i vinterkveldene, — snøen knurpet og bar seg ille under skosålene, det dunket urovekkende fra fjøset selv om hun visste godt at det bare var «Litago» som løftet beinet og satte det tungt i båsplanken. Og trærne oppover mot brattlia nesten rugget litt på seg i stillheten. Gunnhild opplevde nedsnødde trær og busker som en flokk trollgubber på vandring i hvitt. Alltid kom de rett imot henne. Når det var riktig kaldt, hendte det at det smalt i et tre, det låt som et børseskudd, og ekkoet kom fra bratthenget og trengte seg illevarslende på. Mange ganger følte hun seg anspent og forkavet. Verst var det når nordlyset blafret på kveldshimmelen over Skagsvola. Noen hadde sagt at hvis hun plystret, ville nordlyset røre ekstra kraftig på seg. Og Gunnhild kunne ikke dy seg. Hun plystret kort og forsiktig. Og sannelig, hun syntes nordlyset fikk lange armer som kavet nedover fjellet, skogen og sjøen. Men Gunnhild visste, at så fort hun stengte døra etter seg, lukket hun samtidig for den store, halvskumle verden utafor. Da var det over all måte godt å krype under filleryene og kjenne kroppsvarmen fra Ivar og Olaf.

Før søvnen tok henne, tenkte hun på geitene i fjøset. Gunnhild visste at den fåtallige geiteflokken ville bli sluppet ut en times tid neste dag, ved høgstdagsleite. Det var geitene som sørget for daglig renhold på Nordli, alt var pent og i beste orden omkring hus og steiner. Gunnhild moret seg kostelig over hvor raske geitene var til å snappe opp de tørre løvbladene som ble strødd ut på snøen til dem. Det var som den ene geita blunket i skadefryd til den andre, når den klarte å lure til seg et løvblad ekstra.

Matstellet var det så som så med, penger å kjøpe for fantes ikke. Far til Gunnhild drev for det meste i tømmerskogen, ofte var han borte hele uka, men fortjenesten var skrøpelig – to kroner om dagen tjente han på hardt skogsarbeid. Det rakk ikke til stort mer enn provianten han måtte ha med seg i koia. Heldigvis sto det kuer i fjøset, og mor Marthe, en arbeidsom og streng kvinne, brå og skiftende i lynne, kjernet smør og ystet ost. Hun fordelte det hele med sparsom hand til den store barneflokken. Noe å spise med var det smått om – treskjeer var viktigste redskapen. Gunnhild så ikke en gaffel før hun var elleve år. Hun minnes ennå at mor hennes og søsteren Marie satt og tygget maten til henne. De tygget stomp og poteter, tok maten ut fra munnen med en treskje og dyppet biten i tykk melk før de ga den til Gunnhild.

– Jeg begriper nesten ikke at vi levde opp. Det står for meg at det var silda og potetene som berget oss, sier Gunnhild Vestad, 76 år nå, og i trygge kår i huset hun har bygd seg i Trysilskogen – mesteparten har hun gjort ved egen hjelp. – Men hjemme på Nordli hørte jeg aldri ei klage. Om sulten pep i magen iblant og det var lite klær på kroppen, nevnte ingen det. Om somrene syntes vi det var overflod av alt. Mellom skjærveggene rundt Nordli vokste sisselrot – den kokte vi grøt av. Langs myrer og omkring vassputter dro vi opp starr og spiste alt det kvite nederst på roten. Vi sugde på syregras, smakte på sevja i bjørkestammene og togg i oss frøkapslene på bjønnmosen. Så vi en brødskalk en sjelden gang, ble øynene store og runde. Om høsten humpet vi som småtroll over multemyrene, puttet bær i munnen og plukket i spann. Og når blåbæra var moden, var det ikke vanskelig å skjønne hva vi drev med — hender og mesteparten av ansiktet under øynene lyste klovnaktig av blåfargen. Fikk vi lyst til å tygge på noe, sprang vi til skogs og lette etter kvae. Fant vi blankklepper, som vi kalte, var det finest av alt. Jeg tjente mine første ører på kvae — jeg plukket gjennomsiktig kvae, klemte den sammen til ei «tugge» og fikk fem øre for det!

Gunnhild fikk aldri sitte på fanget til mor sin. Hun lærte aldri å bli glad i henne. Moren var lett oppfarende, for det meste hissig og ubehersket, og hun var snar til å bruke bjørkeriset. Gunnhild innrømmer at hun for det meste var redd moren, frykten satte seg fast og fulgte Gunnhild så lenge moren levde. Med faren var forholdet helt det motsatte. Gunnhild syntes at det alltid fulgte noe godt med ham, noe mildt og velgjørende, som hun aldri riktig har funnet de rette ord for. Når hun lukker øynene den dag idag, «ser» hun faren for seg — et lys omgir ham. Var stemningen i stua på Nordli amper og fryktsom i blant, snudde det hele seg så snart faren kom innadørs. Han la en dempet tone over uro og opprømthet, og Gunnhild visste ikke om et tryggere sted i verden enn på fanget til faren. Og best av alt var stunden før Gunnhild skulle pakkes ned mellom filleryene på høymadrassen hos Ivar og Olaf, — da hendte det at faren satt på en skammel ved ovnen og holdt varmt og fast i henne mens han sang, lavt og med beroligende stemme:

— Byssan, byssan liten tull,
gid, vi hadde stua full
ut av sånne små unger!
Stua og kåven,
løa og låven,
og en diger haug utpå gården!

Da Gunnhild var seks år, hendte det noe merkelig i stua på Nordli. Om kvelden den 31. januar hadde alle gått til ro på vanlig måte. Mor og far lå i det vesle sengekammerset, inne på stua sov ungene — på husmannsplassen var det ikke flere rom utenom et lite kjøkken.

Midt på natta bråvåknet Gunnhild. Hun reiste seg halvt opp og gned ivrig de søvndrukne øynene. Da så hun faren ved ovnen, han var i gang med å fyre opp. Parafinlampa var også tent, den hang som en utspilt paraply i en ståltråd ned fra taket, med et rødlig lysskjær oppunder skjermen. Og på veslekrakken like bortafor satt en gammel kone og røkte pipe. Hun var hvithåret, lang og tynn, med en stor, krum nese som var spissere enn andre neser Gunnhild hadde sett. Hodetørkleet var skjøvet litt bakover og stramt knyttet under haken. Den gamle satt blek og dampet på pipa, røykdottene drev rundt henne før de samlet seg og forsvant som et grått rep inn gjennom trekkhullene i ovnsdøra. Ikke et ord sa fremmedkonen, hun forekom Gunnhild å være streng og utilnærmet alvorlig. Far sa heller ingen ting. Men han så hemmelighetsfull ut, og han var i godt humør. Han hadde det veldig travelt — han satte en stor kjele med vann på ovnsplaten, rotet i skatollet og dro fram en pute, en skjorte, en liten trøye og flere kluter. Han hengte også opp et par rene håndklær på veggen. Det var ikke til å forstå at han var så opptatt akkurat nå – midt på natta. Gunnhild begrep ingen ting.

Enda underligere syntes Gunnhild det var at ungene ble flyttet inn i sengekammerset og lagt i sengen til foreldrene. Hvorfor skulle de absolutt gjøre det, og hvorfor var det slik hastverk? Moren hadde også kommet seg opp nå, men var like taus som de andre. Og enda alvorligere enn til daglig. Nå ville hun og far plutselig ligge på stua. Hadde ikke alt oppstyret gått stille for seg, ville Gunnhild ha blitt skikkelig redd. Men faren var så blid og tillitsvekkende gåtefull at både søvnen og tryggheten bredte seg i henne. Hun sovnet omføttes mellom søsteren Inga og broren Hans.

Neste morgen var som å våkne opp i et eventyr. Gunnhild hørte noen rare, fremmede lyder inne i stua. Rett som det var kom det små hikst, og en besynderlig pjatring skjerpet nysgjerrigheten. Og det rareste av alt: Gunnhild syntes så tydelig at hun hørte det gynget i meier mot golvet, akkurat som da Hans og Inga var knøttsmå og lå i vogga.

Gunnhild orket ikke ligge stille et øyeblikk lenger. Hun følte at det var for tidlig å stå opp, men natta hadde på alle måter vært så annerledes enn andre netter. Mon den gamle konen med krumnesen ennå satt på veslekrakken og dampet på pipa?

Gunnhild drar slipesteinen på barndomshjemmet Nordli ved Engersjøen: – Den skal tidlig krøkes som god krok skal bli, men den skal også slipes som skal møte verda med skarp egg . . .

Gunnhild måtte ha visshet. Og så listet hun seg forsiktig opp fra sengen, redd for å vekke Hans og Inga, og satte føttene på tåhev mot de kalde golvplankene. Hun la begge hendene omhyggelig mot kammersdøren og skjøv døren varsomt opp. Og der — der sto virkelig vogga ved siden av sengen og mor hennes. Det slo Gunnhild hvor avslappet og rolig moren lå. Hun så også nyvasket ut. Og oppi vogga småpludret en lyserød, liten unge med et flakkende blikk og en smule antydning til en hårdust på hodet.

Gunnhild hadde fått en lillesøster — Mette. Nå var det elleve i barneflokken på Nordli.

Barndomsårene møtte Gunnhild med mye alvor i hverdagen. Men det var ikke langt mellom lyspunktene heller. Mange ganger merket hun at kanskje ble hun satt til arbeid som var i tyngste laget for en småjente. Hun måtte være med på det meste som skulle gjøres på husmannsplassen, — hogge ved, ta opp mose i fjellet, dra vinterfôr på kjelke fra utslåtter og setervoller, bære ved og vann, grave opp poteter, ta løv og selje i liene langs Engersjøen og gjete buskapen over de store områdene østover i fjellet fra Nordli. Men «Knøttet», som mange kalte Gunnhild fordi hun var så liten av vekst, tenkte aldri på at enkelte ganger kunne det bli vel mye å stri med. Ingen av de andre klaget heller, det som ble pålagt ungene på Nordli, ble gjort uten et mukk. Det var naturlig for dem, og en soleklar ting, at alle hjalp hverandre og klarte brasene i flokk. Ingen «hang med hue» om de ble bedt om en håndsrekning de hadde liten lyst på. Motvillighet var et ukjent begrep. Mor og fars ord og påbud var lov på Nordli.

Helt fra barndommen fikk Gunnhild nær kontakt med naturen og stor sans for alt som levde omkring henne. Fantasien fikk god næring gjennom historier om mennesker som hadde bodd i skogbygda rundt henne i svunne år. Hun spisset ørene i skumringstimen i ovnskroken på Nordli eller ved peisen på Rypåssetra øst i fjellet, når seterbudeier og slåttefolk satt og mintes fiskere og fangstmenn som hadde streifet gjennom marka og møtt både bjørn og hulder. Hun frøs på ryggen og ba kveldsbønnen to ganger før hun sovnet slike kvelder. De gjengrodde stiene fikk liv, syntes hun, og en dyregrav eller en stor stein kunne fortelle sin egen beretning fra bygdehistorien. Gammeltida steg etter hvert tydeligere fram for Gunnhild og skapte spenning i ensformige hverdager. Hun likte å høre om Ås-Maria, en selvhjulpen, tapper kvinne nord i Hylleråsen, som med egne hender bygde sine hus. Gunnhild beundret Ås-Maria når folk snakket om henne, – kanskje skulle hun selv en dag bygge egne hus i ødemarka?

Engersjøen ble tidlig noe spesielt for Gunnhild. Sjøen levde sitt eget liv mellom Nordli og det lange, mørke Skagsvolafjellet på vestsiden. I stille, varme sommerdager sto hun ofte lenge ved sjøkanten og nistirret på blomsterstøvet, det la seg på den speilblanke vannflaten og heklet seg sammen til utrolige mønstre. – Kom og sjå, sjøen blømer! ropte hun til de andre søsknene... Og mange ganger glemte Gunnhild seg helt bort under en bjørk eller en selje. Hun lyttet når det minste vindpust dro gjennom kvistene. I ørene hennes låt det som musikk – i fantasien var det engler som viftet med vingene, særlig hvis solskinnet rant gjennom løvet og det blinket i bladene.

Fant Gunnhild en forglemmegei en slik lykkelig dag, satt hun ved sjøen, med beinet dratt godt oppunder seg og lot solen bake i det lyse, krøllete håret sitt. Gunnhild tenkte på sagnet hun hadde hørt om denne blomsten hun var så glad i: Vismennene fra Østen hadde nettopp vært hos Maria og Jesusbarnet. De ble så betatt av barnets blå øyne, som hadde lyst imot dem, at de ville vise sin takknemlighet og beundring overfor den hellige familien ved krybben i Betlehem. Vismennene plukket en vakker bukett med gule blomster, og en av mennene gikk tilbake til stallen med dem. Vismannen strøk blomstene i ærbødig hengivenhet over Jesusbarnets øyne. Og det merkelige skjedde, blomstene ble like blå som øynene til den nyfødte.

Gunnhild opplevde at hun kom nær barnet i krybben når hun satt slik ved Engersjøen. Og helt fra denne tiden har Gunnhild hatt en klippetro på at Gud i himmelen har skapt og er mester for alt sammen. Hun har aldri vært i tvil om at en gudshånd har fulgt henne og reddet henne flere ganger fra ulykker og den visse død. Gud har en finger med i alt, mener hun, i alt som skjedde henne i naturen, på sjøen, i skogen, innpå fjellet. Når voksne folk sto oppe i lia under Blekufjellet og betraktet en vridd trestamme som vind og vær hadde herjet med gjennom lange tider, tenkte Gunnhild sitt: — Han har nå vært med og vridd, Vårherre også!

Men om høsten syntes Gunnhild at Engersjøen var stygg. Da toppet den seg i vindkastene og freste i hvite dønninger mot land. Det sjoet skremmende opp mot skråningen på Nordli. Bårene kom i forrykende brott og pisket mot strand og stein. Nei, takke meg til vinteren, syntes Gunnhild — da lå sjøen som en hvit flate med skispor i kryss og tvers. En smal tømmerkjørervei snirklet seg over mot vestsiden, mot tømmerdriftene under Skagsvola. Mellom hestetråkket og slameiesporene hadde spurven sitt armodslige vinterparadis — den hoppet og hakket febrilsk på hver frossen hestelort og fant bergingskorn der. Den ene tømmervelta etter den andre ble lagt ut til merking på sjøisen – stokkene lyste i gult og brunt når sollyset falt over dem. Og Gunnhild moret seg fortreffelig når geitene ble sluppet fri fra fjøset og rente som et bånd nedover skråningen og ut til tømmerveltene. Nybarket tømmer var rene delikatessen for de firbeinte vennene til Gunnhild – da gnagde de barkerestene av stokkene og spratt i uhemmet fryd fra velte til velte.

Så kom våren. Det var en spennende tid for en oppvakt jentunge som Gunnhild, da fulgte hun nysgjerrig med i alt som foregikk omkring henne. Mest fantastisk var fløtingen på sjøen og i elva lenger sør. I halvdunkle vårkvelder blafret det fra nyinger langs den flomstore elva – tømmerfløterne hadde gått i land for å hvile seg og ligge under åpen himmel gjennom vårnatta. Unge gutter – de ble kalt trunkbærere, fordi de bar provianten for gammelfløterne – sørget for å tenne nyingen, fløterbålet de laget av to stokker på bakken og med en tredje stokk over. «Tennved» var puttet inn i mellom stokkene, den var oftest fra tyrirøtter. En god varme gjennom natta betydde mye – både båtkarer og haugkarer var gjennomvåte etter kampen med fløterhakene mot tømmermassene. Mest farefullt var det når tømmeret satte seg fast i strie stryk og laget veldige hauger. Da bendte og bråkte det stygt i elva, da var utemmede krefter løs. Fløterne var kjent for å være spreke, uredde karer, og det fulgte alltid et godt humør og en frisk tone med dem. Flere av dem hadde ord på seg for å være rene vågehalser, og det kunne gå på livet løs i blant.

En av fløterne het Anton, han gikk det gjetord om i vide kretser. Han ramlet ut i stryket nedafor Engersjøen en vår og forsvant i vannmassene. En av arbeidskameratene hans gikk med fløterhaken sin litt lenger nede langs elvekanten. Plutselig kom en gammel lue drivende forbi ham mellom tømmerstokkene i elva. Den lua kjente han – det var lua hans Anton. Og de to hørte bestandig sammen. Like etterpå kom også Anton, kavende i stryket mellom stokker i drift og skumfossende vann – og med krokpipa dinglende i en sammenbitt munn! Kameraten fikk tak i buksebaken på Anton og dro han inn på land. Anton var uskadd og ved godt mot etter den ufrivillige seilasen, og redningsmannen kunne ikke la være å gi ham en ertelysten bemerkning: – Je såg lua di kom og skjønte at du var itte langt unna. Men at jeg skulle forstyrre deg i pipkvilen, var da itte meninga!

Sjøfløtingen var en årviss glede for Gunnhild. Våren kom med mye liv og forandring til den stille dalen. Det fulgte alltid en egen stemning med sjøfløterne, og vesle Gunnhild ble ikke trett av å stå med nesetippen klemt mot kjøkkenglaset på Nordli og følge fløterne på spillflåten ute på sjøen. En slik spillflåte var laget av 8–10 grove tømmerstokker. Midt på flåten sto bommen – noen kalte den for «kallen», andre for «kjerringa» – og i brysthøyde var det festet fire skyvearmer med plass til to karer på hver arm. En kraftig trosse var festet til bommen og tømmerlensa i sjøen. Det var et tungt arbeid «å gå rundt kjerringa» og spille opp trossa og få tømmeret i drift. Men fløterne var vant til felles tak, og Gunnhild moret seg over sangen som ljomet opp mot henne fra spillflåten ute på Engersjøen: – Kila på, kila på, lat ei bommen stilla stå, fortare og hardare, så når vi sjøend' snarare... Samse tak måtte det være, og det kriblet i Gunnhild etter å få være med på flåten. Hun syntes ikke bare det hadde vært stas å styre «kjerringa» sammen med sjøfløterne, men sjøen var så forlokkende speilblank og vakker slike vårdager. Tømmeret glinset i solskinnet, det skvulpet kjent og rart i åretakene fra fløterbåtene omkring, og røyken fra hvileplassene bredte sløret sitt over barmarka. Det spredte seg med godlukt over dalen.

Langs Engersjøen har det gått mange underlige ferder gjennom tidene – ennå prater bygdefolket om de veiløse år. Her gikk i gammeltida to kvinner fra Heggeriset med hvert sitt barn på ryggen, en gutt og en jente, langs sjøkanten og videre ned gjennom dalen til Trysil, fem mil tilsammen. Kvinnene skulle til hovedkirken i Innbygda for å døpe smårollingene sine. Så snart soknepresten hadde gitt barna navn og velsignelsen, tok kvinnene fatt på den lange farleia mot Heggeriset igjen, med hver sin tunge bylt fastsurret på rygget. Men hjemveien ble for dryg og kreftene minket. Beina begynte å bli såre, begge sa at de kjente blodsmak i munnen. Natta nærmet seg – og det ble en villmarksnatt for de to. Kvinnene brøt granbar og laget «seng», tente varme i ly av en stor stein og lå der under åpen himmel med hvert sitt barn mot brystet. Da dagslyset kom, fortsatte de vandringen.

I slike netter gikk tankene lett til mennesker som

Spillflåten var i bruk på Engersjøen i Gunnhilds barndom. Sjøfløtingen skapte liv i dalen, og Gunnhild syntes det var ekstra moro når fløterne gikk rundt bommen og sang – røyken steg opp fra kaffevarmen på flåten, og ekkoet fra fjellveggen bortafor bredte seg over landskapet. – Bildet er tatt ved Sendsjøen for noen år siden da fjernsynet gjorde opptak av fløtere som «gikk rundt kjerringa» på spillflåten og skrudde tømmeret fram.

hadde tråkket de samme krongleveier før dem gjennom marka. Det ga mot og medkjensle. Helene, som hørte hjemme lenger nord i dalføret, var en av dem som hadde gått her. Skjebnen hadde vært ublid mot henne fordi hun levde i en tid da holdninger og moralbegrep var knyttet til lov og rett med strenghet og lite forståelse. Helenes drøm om myrtekrans og brudeslør gikk aldri i oppfyllelse, men kjærligheten blusset i henne for det, og hun fødte tre velskapte barn inn i det vesle bygdesamfunnet mot svenskegrensen. Det betydde både synd og skam i den tiden, folk så med unådige øyne på henne. Og Helene fikk sin dom og måtte svi for sine tjenester. Fem dager i fengsel på Hamar, på vann og brød, ventet henne. Dagene bak fengselsmurene var ikke de verste – det tok hardere på å bli sendt ut igjen, uten mat og en eneste skilling, for å begi seg til fots den 18–20 mil lange veien gjennom øde strekninger opp til fjellbygda igjen. Helene fulgte veien gjennom sjumilsskogen fra Elverum til Trysil og videre oppover mot Engerdal. Hun trengte flere dager til langturen, lå under tette graner, for det meste med sulten som en pine i kroppen. Men Helene var sterk, og tanken på at hun hadde tre små barn som ventet på henne, ga ny styrke. Og snart var hun midt oppe i hverdagskravene igjen – Helene hadde sonet sin dom.

Gutten fra Heggeriset, som ble båret på morens rygg ned til Trysil hovedkirke og døpt der, fikk navnet Gjermund. Han levde et langt liv i fjellbygda, men han fikk også en siste reis som var like uvanlig som dåpsturen nedover Trysildalen: En gråkald maidag døde Gjermund. Også sønnen Embret lå sjuk, og et par dager senere lå han lik sammen med faren. Begge var døde av lungebrann. På nabogården kjempet også gårdkona Kirsti med samme sjukdommen. Heller ikke hun maktet kampen mot lungebrannen, og nå lå tre på likstrå i det vesle grendesamfunnet ved sjøen og ventet på å bli fraktet den lange veien ned til kirken i Trysil.

Det ble en tung og dramatisk ferd. Engersjøen var eneste utveien, men sjøisen lå svak i mai. Ingen hest og intet likfølge kunne begi seg utpå – det ville være en utfordring og et meningsløst vågestykke. Så var det bare å vente på at mildværet kom og brånte bort isen og gjorde leia farbar for båtene. Imens måtte de døde graves ned i jorda. Og en dag var slekt og venner i gang i Jonsegga nord ved sjøen, med hakker, spett og spader og fikk de døde ned i den vinterfrosne bakken. I dagevis etterpå lå det alvor og sorg over nabolaget. Det ble snakket lite og mildt, men hjelpsomheten var stor, i pakt med et fjellfolks innstilling og vaner.

Omkring midten av juni var sjøen fri for is. En dag lå flere båter klare ved sjøkanten nedafor Jonsegga – nå var dagen kommet da kistene skulle tas opp fra bakken, bæres ombord i båtene og bli rodd den 17 kilometer lange sjøleia mot sørenden. En stille ferd gled fram over sjøen denne junidagen, – alvorlige menn rodde, og åretakene ble satt forsiktig i vannet. I øst begynte liene å få grønnsløret på seg, i vest reiste fjellkjeden seg, mørk og snøspraglet, og la skygger utover den djupe sjøen. Det ble knapt vekslet et ord, båtene gled nesten lydløst gjennom stillheten. Alle tenkte på sitt og tiet.

Da likfølget kom fram til sørenden av sjøen, der elveoset begynte, møtte de en stor skuffelse. Nå kom de ikke lenger med kistene. Meningen var å fortsette seilasen nedover elva, helt til hovedkirken i Trysil. Men elva gikk flomstor og farlig og brøt seg med voldsom styrke utover breddene. Naturkreftene herjet etter snøsmelting og junisol. Flomvannet presset villskapen mot stein og stammer og fylte dalføret med et sjoende brus mot bergsidene. Rådampen steg fra barmarka, stubbene sto som svarte spøkelser i elveskodda med drivende skumtapper omkring seg. I dette uryddige landskapet fantes det ikke vei. Dessuten var hestene så utmagret og kraftløse på denne tiden at de ikke orket å dra kistene gjennom uframkommeligheten. Gravferdsfolket måtte bare innse og erkjenne situasjonen: De tre kistene måtte graves ned i jorda på nytt. Tålmodigheten måtte settes i høysetet nå – gravferden videre var prisgitt værgudenes lune. Først når dagene kom med skikkelig soltørk og varme, og elv og sjø fikk tilbake sommerrytmen, var det mulig å komme til kirken.

Nå ble kistene gravet ned i sandbakken. Da det var gjort, var det å ta fatt på den lange båtferden hjem. Og utover junikvelden og den lyse forsommernatta rodde gravferdsfolket i båt etter båt, nordover den speilblanke Engersjøen. Østhimmelen lå demringsgyllen over dem da båtstavnene støtte mot land. De gikk fåmælte og trette til ro.

Sommeren kom. Sjøen og elva sank, og en av de siste dagene i juni ble de døde gravd opp igjen ved sjøenden. Kistene ble seilt i båter, på stryk og stille, langs de veiløse milene nedover til Trysil-kirken, som lå hvitmalt og skinte gjennom sommerløvet. For tredje gang ble Gjermund fra Heggeriset, sønnen Embret og nabokonen Kirsti senket i jorda før presten kunne lese Herrens bønn over dem.

Hjemme på Nordli var det alltid travle dager. Gunnhild var knapt ti år gammel da hun var rene mesteren ved hoggestabben. På husmannsplassen var det ingen som så noen urimelighet i at en småjente sto tynnkledt på vedbakken i vinterdagen og kløvde den ene vedkabben etter den andre. Faren lå i tømmerskogen og hadde ikke fått tid nok til å ordne med vinterveden. Ungene på Nordli måtte sørge for det.

– Oppi østlia var det heldigvis mye fin ved å få tak i. For langt attende i tida hadde en stor skogbrann herjet i det bratte berget. Ei fattigjente fra dalen hadde gått oppi lia en kald dag, frosten holdt på å knekke henne. Men jenta hadde fyrstikker med seg og tente opp et stort bål for å varme seg. Det endte med en katastrofe. Ilden fenget i trærne rundt henne, den bredte seg med stor hastighet, og snart var mesteparten av lia østafor Nordli et eneste flammehav.

Etter skogbrannen ble det stående igjen mye ødelagt skog. Tørre, svidde stammer hang utfor bratthenget. Finere ved kunne vi ikke få tak i, og jeg syntes at den tøyde seg imot meg som en utfordring – «den som når meg, den får meg!» Og den kampen hadde jeg lyst til å ta opp.

En vinterdag fikk bror Ivar og jeg beskjed av mor om å hente ved fra østlia. Vedkassa hjemme var tom. Ofte var det en gang i uka at vi måtte i vei for å skaffe ved. Jeg var ti år nå. Ivar og jeg tok hver vår øks, bar stokksaga imellom oss og dro kjelken sammen. Dragkjelken var fattigfolks symbol, du så alltid en slik kjelke i snøen ved småbrukene. Og gammelkarene i bygda gikk ofte med halvvridd kroppsform etter all dragingen.

Vi satte igjen kjelken like innunder skjærveggen, den reiste seg brå og bratt foran oss. Nå begynte slitet. Vi krabbet og krøp og stampet til snøhaugen nesten nådde oss opp under armene. På kryss og tvers gikk det, meter for meter, med øks og sag, og hele tida var jeg engstelig for å ramle utfor skjæret. Men det var moro å bakse og bale slik i snøen også, og det gjorde meg ikke det grann at snøen tinte på knøttrumpa mi. Dit var det lett å finne veien, for jeg hadde aldri noen bukse under verkenskjolen. Jeg frøs ikke – du vet, den som kavet etter vinterved i østlia ved Nordli, holdt varmen i kroppen.

Og når vi bykset oss fram til en tørrhala vi kalte, utpå ytterste stupet, sto vi i hver vår ende av saga og filte og dro til treet bumset i bakken og tippet utfor. Snøgyvet sto som ei kald sky, men vi syntes det var festlig. Nå akte vi på baken nedover, med sag og øks løftet til værs, og jublet over farten vi fikk. Rett som det var ble vi nesten borte i snømassene, men vi kravlet oss fram langs skjærveggen, mot treet vi hadde felt, rødmusset i kjakene av iver og anstrengelse. Vi satte straks i gang med kvisting og kapping. Så løftet vi med samse tak stokkene opp på kjelken, surret dem fast med et rep og dro vedlasset gjennom djupsnøen.

Jeg kjente plutselig at jeg var så fryktelig kald på venstre foten. Det prikket i tærne. – Vent litt, Ivar, sa jeg og løftet foten opp fra snøen. Ikke rart om jeg frøs, alle tærne stakk ut gjennom strømpa og skoen. Med det samme glimtet det lurt i øynene på Ivar. Jeg trodde at han ville synes synd på meg og si noen trøstens ord. Men han var optimistisk karslig da han løftet ene beinet og holdt det like under nesetippen min. – Sjå her, Gunnhild! sa han og smilte. Og rett mot ansiktet mitt sprikte fem frosne tær gjennom raggsokken og gammelskoen. Vi sa ikke et ord mer, men vi grep samtidig, nesten ubevisst, i kjelketauet. Heseblesende kom vi fram til Nordli med lasset.

Vi sa ingen ting om skoene våre og bar oss ikke ille fordi om vi frøs. Ingen av oss ville være pysete. Og jeg syntes nesten ikke det gjorde vondt i venstrefoten lenger fordi Ivar hadde det på samme måten. Med friskt mot saget vi opp stokkene – i små kabber, kløvde dem og bar vedskiene inn i ovnsroa. Vi hadde gjort jobben vår nå og var lettet over det.

Ungene på Nordli krøp tidlig i fellessenga den kvelden. Utafor stua hang halvmånen over østlia, det lå et kaldt blåskjær over Engersjøen. Men det brant lystig og spraket i tørrved i den svarte komfyren på kjøkkenet. Mor Marthe satt framlut på en skammel, tett inntil ovnsdøra, med en liten haug av gamle sko på golvet framfor seg. Alt sammen var

sko de eldste ungene på Nordli hadde brukt, men som de var vokst fra før skoene var helt utslitt. Nå kom skoene til nytte igjen. Neste dag skulle Gunnhild og Ivar slippe å flyge med tærne rett inn i snøhaugen.

Men Gunnhild var med på friskere turer i fjellet enn sammen med Ivar på vedhogst i østlia. Hver vinter skulle moselassene hentes ned fra fjellet. Gunnhild hadde vært med i råkalde høstdager og plukket mose og lagt opp lass som var passe store til å hente med kjelke når vinterfôringen begynte å bli snau i Nordli-fjøset. Når et moselass var stort nok, tok Gunnhild en bjørkegren og stakk ned i lasset – den skulle vise hvor mosen lå under snøen. Mange ganger var hun med og hentet de tunge, gjennomisete lassene ned fra fjellet, både oppe i Skagsvola, på vestsiden av Engersjøen og langt inne ved Trefjerdingen, et drygt stykke østover fra Nordli.

– Du vet, ei tulljente som jeg var, syntes det var moro. Jeg hadde ikke bedre vett. Hellet reddet dumdristigheten, ellers var jeg blitt et hengehue og til besvær for andre. Så jeg tråkket frimodig etter søsknene mine, over sjø og flatmark, opp skråninger og ned kneiker, med en kjelke på slep etter meg.

Trange tider i grensebygda. – Det var lite med mat til både folk og fe, forteller Gunnhild. – Vårknipa var ekstra hard for dyra, vi sanket hestemøkk i tømmerveiene, kokte møkka sammen med høyrusk og granbar og ga krøttera. Det var mager kost, med det var livberging. – Bildet er tatt av TV-produceren Lasse Thorseth i forbindelse med en film om gammeltida i Trysil.

Og når lasset var vel anbrakt på kjelken, godt fastspent med rep og kvister, bykset jeg lasset gjennom snøen til jeg nådde stupbratte fjellskråningen. Da! – da var det moroa begynte. Jeg satt skrevs frampå lasset, med taustumpen mellom beina og skjøv meg utfor. Du store verden, som det gikk! Jeg ble borte i snøføyka som hvirvlet opp omkring meg og pisket meg i ansiktet. Det ulte og kvein rundt ørene mine. Jeg sokk i dulper og spratt fra kuler. Og innimellom suste jeg med kraft og fart gjennom løse lufta. Jeg rakk ikke tenke omtrent før trolldansen nedover fjellsida var over og jeg sto andpusten langt ute på sjøisen med moselasset. Oppi Skagsvola lå det bare igjen ei renne i snøen etter meg.

Men det gikk ikke bestandig like glatt. Skyssen utfor brattsidene, enten vi kom med moselass østfra eller vest fra Skagsvola, var flere ganger på nære nippet til å ende i en katastrofe. En vinterdag gikk mor mer oppskaket og anspent hjemme på Nordli enn hun brukte å være. I vestfjella, midt for Nordli, var far og bror Karl og hentet mose denne dagen. Ustanselig sto mor ved vinduet og tvinnet hendene under det småblomstrete forkleet sitt. Oppe i fjellet så hun far og Karl som to svarte prikker i snøhavet. Hun fulgte dem med spent engstelse. Mor sa ikke noe til oss ungene, men hun kjente vind og værlag og snøforholdene i fjellet. En dag som denne kunne det gå skred.

Plutselig grep mor begge hendene om hodet. Hun la ansiktet helt inn mot vindusruten, myste intenst med øynene og sto krumbøyd og stiv i kroppen uten å puste. Så rådløs og uviss hadde jeg aldri sett mor. Men så løsnet angsten og spenningen. Hun dro armbuen over pannen og gikk lettet over kjøkkengolvet og ut mot fjøset. – Herregud, sukket hun.

Da far og Karl kom hjem til Nordli med moselassene, fikk vi vite det hele. Et snøras hadde løsnet like ovafor Karl, men han hadde sanset å gripe tak i en bjørkekragg like ved. Snøraset delte seg rundt ham og pløyde utfor med stor fart og et uhyggelig drønn. Samtidig kjente han et sterkt press, det var som et kraftig dragsug ville rive ham med seg. Far kom seg heldigvis unna og sto på avstand og så alt som skjedde. Og etter at snøraset stanget mot sjøen og gled som et teppe utover isen, var de ikke mer skremte enn at de satte utfor med lassene. Da forsto jeg på mor at far og Karl var modige karer.

En annen gang holdt det på å gå riktig slemt: – Jeg var med far og hentet mose innpå høyeste lia ved Trefjerdingen. Vi hadde hver vår kjelke. Lasset var gjort klart, og jeg skulle sette først utfor. Terrenget var stygt, det stupte som kjempestore trappetrinn nedover lia. Jeg skulle følge tråkket far og jeg laget da vi slepte kjelkene etter oss. Det gikk sving i sving. Stangen jeg hadde festet til kjelken skulle jeg styre lasset med. Det tunge lasset presset på og fikk stor fart. Jeg klarte ikke styringa, lasset skrenset ut for meg og jeg drev rett inn i snøhaugen. Lasset braste imot meg bakfra og klemte meg fast. Heldigvis traff jeg ingen stein eller skjærblokk, men jeg ble liggende bom fast og kunne ikke røre en finger. Jeg lå naglet mellom styrstanga og den hardpakkede snøen. Da var det godt at far kom. Han var sterk nok til å stanse lasset sitt, selv i den gode farten han hadde. Så fikk han frigjort meg og veltet deretter kjelken min på rett kjøl igjen. Han var like rolig og trygg nå som ellers. Og jeg var ikke det minste bange for å sette utfor på nytt.

Men kanskje tenkte han far likevel sitt den kvelden. Da satt han lenge med meg på fanget i ovnsroa på Nordli. Han sang stillere enn vanlig over det krøllete håret mitt:

— Byssan, byssan båne,
gryta heng i tårne.
Koke lite rømmegraut
åt det vesle bånet . . .

Vinteren etter, Gunnhild var elleve år nå, måtte hun på langtur til fjells. Faren skulle over til Flendalen, til myrslåttene ved Flena, der vinterhesjene sto. Det var mange timers tur dit. Nå trengte han en til å skyve på fôrlasset over høydene og klore imot der det bar nedover. Gunnhild var lett å be, for hun likte godt å være sammen med far sin.

Det var etterjulsvinter nå, dagene var blitt lysere og lengre. Tidlig på morgenen var det også skareføre i fjellet. Skaren var til stor hjelp når tunge lass skulle fraktes, det var derfor viktig å være grytidlig ved hesjene neste dag. Derfor måtte Gunnhild og faren avgårde allerede dagen før og belage seg på overnatting i fjellet. Han gikk først, med steg som gnølte mot snøen, og dro kjelken etter seg. På kjelken lå skiene hans, langski og andor, og det korteste skiet var trukket under med brungrått elgskinn. Dette andoret brukte han til å spenne fra med, han fikk godt tak da, takket være skinnet og hårtistene som strittet imot og grep fast i snøen. Like bak kjelken diltet Gunnhild. Hun hadde en grå og velbrukt verkenskjole på seg og hjemmestrikkede strømper — de rakk til knes og var knyttet fast med «husuband». Skoene hadde hun arvet etter en av de eldre søsknene. De var altfor store og slamsete, og snøen kom lett ned i dem. På hodet hadde hun en lånt, romslig guttelue med nedbrett over ørene. Hendene var det god plass til i et par grepvotter hun selv hadde strikket – Gunnhild batt første votteparet da hun var ni år.

– Da vi kom opp på høgste lia, like ved gammelsetra hans Per Eidet, stanset far ved et stort skjær. – Her skal vi ligge i natt, sa han. Han hogg fetved av en gammel tørrstubbe og gjorde opp en varmfis. Så måkte han bort snøen omkring til barmarka kom fram. Deretter brøt han grankvister og gjorde en slags seng til oss, en kvisthaug på hver side av varmen. Vi hadde ingen klær med oss, ikke en fillerye en gang, til å legge under eller over oss. Jeg tok et par ekstra kvister og la opp til en slags hodepute for meg. Far hadde med mat i ei svart lærskreppe, og jeg trodde det skulle bli en liten bit før vi la oss til å sove. Men vi hadde jo spist før vi gikk fra Nordli, og det måtte klare seg. Jeg fikk meg ikke til å si at jeg var sulten. Men det var ikke så rart om jeg var det, for hjemme hadde jeg hatt full dag på vedbakken, småungene hadde jeg også passet. Men far tok lærskreppa og hengte den opp i en furukragg som sprikte med grove grener like ved oss.

Jeg roet meg til på kvisthaugen, vendte ryggen mot varmen, slik som far gjorde, og kjente at søvnen var ikke langt unna. Men først knepte jeg grepvottene fast sammen og leste kveldsbønna mi: – Gud, bøy mitt unge hjerte . . . Så dro jeg guttelua nedover ansiktet, men kikket først omkring meg og så opp mot himmelen. Like ved meg lå far sammenkrøpet, han dro pusten i jevne, lange drag.

Skrått opp for hodet mitt skimtet jeg svakt ei stjerne på nattehimmelen. Det var som stjerna sto ytterst på en grankvist og lyste der. Jeg syntes alt var rart, men trygt. Og jeg var glad på en forunderlig måte, en glede som gjorde meg varm innvendig. Og jeg tenkte, kanskje englene tenner en stjerne hver gang jeg er glad.

Gunnhild våknet tidlig. Hun var uggen, hun halvfrøs. Men hun følte ennå varme på ryggen fra bålet som nå bare var en liten glohaug. Hun satte seg forsiktig opp, redd for å vekke faren. Han sov ennå — med åpen munn. Hun skjønte at det gikk mot morgen nå, demringen begynte å få tak på østhimmelen, og hun syntes at den mørke skogen bortover lia lignet en uhorvelig stor flokk med trollpakk — de sto og viklet seg inn i hverandre og småhutret. Men innimellom kom luftdraget nede fra dalen og gufset gjennom skogholtene. Det sjoet så merkelig, styrken steg og sank, og Gunnhild mente bestemt at trollpakket hufset og gynget litt på seg. Men hun var ikke det spor redd, — hun tenkte på, at der inne mellom kvistene kunne det godt være at et lite ekorn satt med konglefrokosten sin. Og da var alt sammen bare hyggelig. Det ville sikkert heller ikke vare lenge før en søvnig kjøttmeis ristet nattedøsen fra nebbet og pep selskapslysten i buskaset.

— Så våknet far. Han gnudde seg i øynene og så på klokka. — Snart fire, sa han. Vi lyt få oss mat og skynde oss innover fjellet før sola tar skareføret . . . Men vi skulle ha oss en skikkelig matbit først. Far hentet lærskreppa oppi furukraggen og halte opp en liten svart og bulkete kaffekjel med tut på — tømmerskogkjelen hans. Den fylte han med snø, hengte den frampå en tørrkvist og holdt den over varmen. Ilden blusset fint igjen nå, for far hadde slengt nedpå mer fetved. Oppå lærskreppelokket lå stomp og smør og pultost. Han slo kokende vann i en kopp til meg før han drysset kaffe oppi kjelen. – «Puddelen» min skal også ha noe varmt, sa han omsorgsfull og rakte meg koppen. I det øyeblikket tror jeg at jeg første gang forsto litt av hva takknemlighet er. Aldri har en brødstomp og noen dråper varmt vann smakt meg så godt. Jeg hadde lyst til å sprette opp og danse i baret.

Men denne dagen var det en annen dans som ventet Gunnhild. Foran henne lå en dryg marsj østover fjellet mot Flendalen.

– Vi kom fram til Metsjøen, tok rett over den og fortsatte oppover i nordhellinga på Østre Metsjøkanken. Dagslyset hadde fått overtaket nå, og jeg følte meg bare som en prikk i dette vide fjellriket – det lå som en skinnende verden omkring oss, eller et stivnet hav, der voler og knauser var stivspekte bølger.

Vi fant hesjene våre på myrslåtten ved Flena. Det var litt rart å se den igjen nå, jeg hadde vært med høsten før da slåttefolket drev her med ljå og rive og bygde opp hesjene. Da minnet de meg om pjuskete, vergeløse kjerringer i fotside stakker fra eventyrene. Jeg syntes nesten synd på dem, at de skulle stå ubeskyttet tilbake på myrene i høstværet og bare vente på å fryse til i vinterhabitten.

Vi rusket unna snøen av hesjene, far la store fôrtapper på kjelken og jeg tråkket. Det var viktig å få et fast lass, da fikk vi med oss mest til dyra våre, og kjelken lå støere i snøen. Både far og jeg hadde hastverk nå, vi måtte utnytte skareføret, og vi kom helt vestafor Vestre Metsjøkanken før snøen ble løs og vanskelig. Det begynte å ta på kreftene mine også, men far oppmuntret meg og sa at det verste var over nå. Snart var vi frampå høgda der vi hadde overnattet, og da var det bare skyssen nedover lia mot Nordli som sto igjen. Far hentet lærskreppa si og la skiene oppå fôrlasset. Så satte vi utfor. Far foran med styringa, jeg bakom kjelken for å klore med beina i snøen og bremse mest mulig. Jeg så nesten ingen ting, snøen sprutet oppunder kjolen min, rett opp i bare rumpeskinkene. Og det freste rundt ørene på meg. Men jeg merket godt at far styrte med sikker hand. Han skinte som ei sol da vi satte lasset fra oss ved fjøset på Nordli.

Veien langs Engersjøen var skrøpelig, nærmest bare en kjerrevei med humper og spor og steiner som stakk opp. Men Gunnhild syntes at det var en spennende vei. Sommer og vinter kom det farende skreppekremmere, tatere, vandringsmenn og rare gubber med redskaper i hendene og et lite knytte dinglende i en kjepp bakpå ryggen. Alle var innom Nordli, og da kom det et pust fra en fremmed verden inn i det vesle kjøkkenet. Den hverdagslige stillheten ble byttet med en helt annen tone og rytme, — nyheter brakte disse landeveiens trekkfugler med seg, klær og småting ville de selge, rare historier om folk som hadde ferdes på veien før dem, satt de og fortalte om i skumringstimen og i det sparsomme lyset fra parafinlampa. Gunnhild slukte hvert ord, fantasien fikk flukt under vingene, og det var som flere av dem hun hørte om plutselig sto levende ved Nordli-stua.

Gunnhild møtte mange av «de frie fugler» i sin barndom. Stor stas var det når Stor-Johan-følget

kom – Gustav med sin Fia, Fredrik med sin Lovisa – og den store, støyende ungeflokken. Gunnhild hørte taterfølget på lang avstand. Det knirket i kjerrehjul mot stein og sand sørpå veien ved sjøkanten. Bikkjer bjeffet, arge kvinnerøster prøvde å holde styr på vidløftige småtasser. Det singlet i bøtter og skranglet i kobberkjeler, hestevrinsk blandet seg med skrik og skrål fra stor og liten. Livet på Nordli forandret seg totalt, til og med sjøen og Skagsvola var ikke de samme, syntes Gunnhild. Og hun undret seg litt over hvor stillheten gjorde av seg – gjemte den seg, mon? Kanskje flyktet stillheten mot fjellveggen som presset den opp i himmelen? Kanskje ville stillheten følge med regnet og solstrålene tilbake til Nordli igjen, når taterne var reist? Gunnhild funderte over slike ting, men hun var fort opptatt av fremmedfolket igjen og fortrolig med de fleste.

På Nordli dukket Nafta-gubben opp, en tett kar med drivkvitt skjegg og en svart lue klemt godt nedover ansiktet. God-blunken satt løst hos ham, særlig når han så på de store jentene på Nordli. Men søstrene til Gunnhild hadde ikke mye til overs for det, de laget sin egen «skremmeaksjon» som endte med at Nafta-gubben rasket sammen sakene sine og rømte ut i løa. Det hadde ingen på Nordli

---

Gunnhild har dratt mye tungt gjennom Trysilmarka. Stein og stubber måtte vekk skulle det bli jordflekker å leve av. – Men jeg har også dratt mye glede ut av villmarka, sier Gunnhild, her i full gang med dragslepet på Nyvangsetra ved Skardfjellet. Og når Lemmek felte gamle, tørre trær i fjellbandet, bar Gunnhild kabbene ned til setra i bakmeisen.

noe imot, for Nafta-gubben kom aldri alene – lusa var som oftest i følge med ham.

Ladd-Jens var vintervandreren. Han hørte hjemme i Kristiania, forklarte han, men hadde gått trett av bylivet og ruslet på veier som førte ham til de rolige strøk i landet. Det var i byen menneskene bodde avsides og langt fra hverandre, var erfaringer Ladd-Jens hadde gjort. Bestandig gikk han i ladder og bar et lite knytte i handa – ingen visste hva han hadde i det. Han var en stillfarende fyr som mange syntes synd på. Men Ladd-Jens var ikke så fattig som han så ut til. Den dagen han døde på en av vandringsveiene sine, på brua over Østre Grøna i Trysil, ble han funnet med mange tusenlapper i laddene.

Men Læpasvensken var Gunnhild redd for. Han var helårsvandrer, en tjukkfallen, kraftig kar. Når som helst på året dukket han opp – da sto han plutselig på kjøkkentrappa, med blårøde lepper og sugende øyne, og bød fram knapper og nåler og blondeverk. Gunnhild syntes det fulgte uhygge med ham. Det skremte henne, og hun ville helst gjemme seg når han kom.

Da var det helt annerledes med Blomster-Maria. Hun kom så beskjeden og forsiktig gjennom døra på Nordli, med papirblomster som hun hadde laget og ville selge. Gunnhild likte henne, først og fremst fordi Blomster-Maria så så snill og mild ut, men også fordi Gunnhild tenkte på at de begge var glade i blomster ... Også Karl-Johan sto høyt i kurs hos Gunnhild. Han var en liten, tynn kar, ledig i kroppen, med et pent ansikt som det var mye glede i. Han bar en lærskreppe på ryggen, med fatler over bringa, og denne skreppa var en stor hemmelighet for ungene på Nordli. Ikke en eneste gang åpnet han lærskreppa så noen så det, og aldri bød han fram noe å selge. Fikk han tak over hodet for natta, var han takknemlig for det. Neste dag vandret han videre. Om kvelden satt Karl-Johan glad og bekymringsløs med kaffekoppen og brødskalken i handa og sang muntert for Nordli-folket: – Kaffetåren den beste er av alle jordiske drikker... Men selv om Karl-Johan var aldri så lettlivet og omgjengelig, forble han en gåte for alle. Han røpet aldri noe om seg selv. Bygdefolket snakket om at trolig var han blitt alvorlig skuffet en gang – de fleste mente at Karl-Johan bar på en ulykkelig kjærlighet. Men det ble bare med gjetningene, livet til Karl-Johan var like hemmelighetsfullt som det han bar i lærskreppa på ryggen.

Men ingen kremmer og veifarende gjorde mer inntrykk på Gunnhild enn Totningen:

– Han var en merkelig gubbe. Om somrene kom han med en stor koffert på en handkjerre langs humpeveien ved sjøen, om vintrene slet han seg fram med langkjelken. Ofte brukte han hest, og da hørte vi ham på lang lei. Han oppførte seg så besynderlig, – han sto på veien og slo seg sjøl på baken og gjentok: – Jeg ser deg nok, jeg – jeg ser deg nok, jeg! Så snudde han seg brått rundt og lo av hjertets lyst.

Vi var litt halvredde Totningen. Vi var utrygge på denne bredvokste fremmedkaren – han så busete ut i tjukke vadmelsklær og nesten nedgrodd av skjegg i ansiktet. Han gikk framlut, haltet nokså mye på ene beinet, og vi visste om at han var fryktelig bråsint. Folk snakket også mye om at han var overtroisk, – flakset det opp ei lavskrike ved veien han gikk på, snudde han øyeblikkelig og dro tilbake dit han kom fra. Han hadde en rungende, kraftig stemme, og hjemme på Nordli var det ingen som vågde å nekte ham losji. Mor var rask på føttene når Totningen ba om å få bli natta over — da småsprang hun ut i løa etter høy og strødde det utover kjøkkengolvet, like vestafor ovnen. Så hentet mor et par filleryer, en til å ligge på, den andre til å bre over seg.

Men det verste ved Totningen var at han gikk alltid med revolver på seg. Alle kjente til det, men ingen visste hvorfor han rustet seg på den måten når han skulle opp til det godlynte folket i Trysil og Engerdal. På folkemunne gikk han for å være en gløgg kar, noen hadde til og med hørt rykter om at Totningen hadde studert til prest, men at det hadde ramlet for ham. Etter det tok han frifantens veier i bruk og var jevnt over velsett der han kom med handelsvarene sine. For det meste var det hatter, undertøy og vadmelsklær han solgte.

En kveld vi satt og spiste på Nordli, trampet det tungt utafor stua og inn kom Totningen. Han så ut til å ha bråhast og ba nokså krevende om å få vaskvannsfatet vårt fylt opp med varmt vann. Mor etterkom det og satte fatet på en stol midt på golvet. Uten hensyn til oss som satt med kveldsmaten, kledte Totningen seg splitter naken. Han sto ragget som en skinnfell foran oss, tok vann fra fatet med hendene og slengte det kvasst over seg. Jeg så at mor mislikte situasjonen, men hun turde ikke kny og komme med innvendinger. Vannet drev også rundt ørene på oss og klasket mot bordplata så spruten sto. Vi var nokså våte før han var ferdig. Og på kjøkkengolvet dannet det seg rene «vårflommen», en flom som mor måtte ta opp igjen før hun kunne gjøre flatsenga istand til den originale badegjesten fra Østre Toten.

Jeg minnes siste gangen jeg så Totningen. Det var i føresfallet om våren. Han var sin egen hest da, kom nordfra og hadde lagt kjelken oppå handkjerra for å få med seg begge kjøretøyene sørover før vårbløyta ble for umulig. Totningen hadde vært innom hos oss med handelsvarene sine og hadde nettopp pakket sammen. Han tok farvel på en pen og pyntelig måte, men det varte ikke lenge før et spetakkel brøt løs utmed sjøen. For da Totningen kom til Rundegga, neset sør for Nordli, mistet han kjelken av handkjerra – samtidig mistet han beherskelsen. Gubben tente som ei kruttønne, og alt gikk aldeles over styr for ham. I raserianfallet fant han en grov staur og ga seg til å nidenge kjelken. Han ristet av sinne og slo og banket i kjelken alt han maktet. Til slutt grep han kjelken med begge hendene og hivde den skånselsløst utfor skråningen. Deretter tok han et fast grep i handkjerra og dro av gårde i voggende gange, med mange grumsete landeveismil foran seg og to surklete kjerrehjul i søla bak krumryggen. Jeg hadde nesten litt vondt av ham da. Men jeg trøstet meg med at en linerle ville nok snart vippe litt oppmuntring mot ham fra grøftekanten.

Gunnhild fulgte Totningen med øynene til han forsvant i svingen ved Rundegga. Så var alt gammellikt seg igjen. Men i brattegga ned mot Engersjøen lå en mishandlet langkjelke og vitnet om den illsinte kremmeren fra flatbygdene sørpå.

En høstdag i 1917 opplevde familien på Nordli

en hendelse ingen av dem har glemt siden. Små og store satt rundt kjøkkenbordet da en fremmedkar i vidbremmet hatt, grå vadmelsklær og lys, lang bart steg vennlig og verdig over dørstokken. Han var en myndig herre som det sto respekt av med det samme, men han virket grei og imøtekommende på alle måter. Han var i en knipe, fortalte han rolig – bilen hans ville i Engersjøen og nå hang den på en stabbestein ved Fiskeneset.

– Mannen var Fridtjof Nansen. Han hadde vært på rypejakt nord i Lillerødåsen og var på vei hjem med fangsten. Men den høye, åpne Forden med kalesje, som Nansen hadde skaffet seg i Amerika samme året, kom lite til sin rett på den skranglete bygdeveien vår. Nansen mente at Forden ikke riktig var bygd for terreng og forhold i Trysil og Engerdal og ville helst ta sin egen styring. Nå fikk bilen igjen for selvrådigheten, nå sto den klint mot en stabbestein og kunne når som helst vippe utfor. Om vi kunne hjelpe ham?

Jeg hadde aldri sett far og de største brødrene mine mer lettbedte og ivrige etter å bruke hjelpsomheten enn akkurat da. Han far syntes at det var en ære å få hjelpe Fridtjof Nansen, og selv om jeg bare var elleve år da, visste jeg en del om ham – polfareren sto for oss som prinsen i eventyret. Far og to av brødrene mine pekte seg ut som selvskrevne

---

Fridtjof Nansen i den tida han kom på jakt og fiske til Trysil og Engerdal. Sønnen Kåre tok dette bildet av faren under en hvil ved en gammel tømmerbu i Femundstraktene. Datteren Irmelin fulgte også Nansen på rypejakt, og hun har fortalt om hans begeistring over å oppleve snaufjell og store skoger: – Far danset i lynget av glede!

«løftekraner», jeg og de mindre søsknene mine luntet etter og måpte med fingrene i munnen da Nansen, far min og brødrene mine løftet Forden inn på veien igjen. Det så ikke ut til å koste dem mye. Nansen ville betale for handsrekninga han fikk ved Fiskeneset den høstdagen, men far sa blankt nei. Men det øret ville ikke polfareren høre på, og svært motvillig så jeg at far ble stukket en seddellapp i handa. Så satte Nansen seg i bilen igjen og grep sikkert om rattet, og kjørte videre som om ingenting var hendt.

Nansen kom veien langs Engersjøen flere ganger. Både ryper, elg og fisk var han ute etter, og i Trysil og Engerdal fant han en natur og et terreng han likte – og et miljø han følte seg godt hjemme i. Han var ute etter det enkle og primitive, såvel i naturen selv som i bygdefolkets egen livsførsel. I høstfjellet kom det noe gutteaktig over ham, har datteren Irmelin fortalt – hun fulgte ham i fjellet rundt Lillerødåsen den høsten Nansen skjøt 500 ryper på fjorten dager. I rypeterrenget var han særdeles våken og oppmerksom. En dag sa han til Irmelin: – Se, ørnen vil ta rypa, men *jeg* skal ha dem begge . . . Og da ørnen stupte fra himmelen for å ta sitt bytte, løsnet Nansen skuddet i rette øyeblikket og holdt sitt ord. Og etter et slikt lykketreff hendte det at gleden og begeistringen tok overhand, og han slo seg riktig løs. Da danset Nansen sprettent i lynget og tegnet rene ballettbevegelser ut i luften med de lange armene sine. Men ved bålet i marka, som han var en mester til å bygge og gikk grundig til verks med – hver stein og kubbe skulle ha sin nøyaktige avstand og plassering – satt han alvorlig og tenksom når flammene blusset og kaffen putret i den flate, stygge kjelen. Men best husket datteren ham da Nansen satt med de store, klumpete fingrene sine og tuklet med fiskfluer og snøre – han satt i skjorteermene, i den vide hatten som var så karakteristisk for ham, og med den solbrente, gamle tømmerbua bak seg.

Nansen ga tryslinger og engerdøler mange lovord. Det var et folkeferd etter hans smak, – enkelheten, roen og det åpenhjertige som preget menneskene «øst ved Kjølens rand», var midt i blinken for ham. Og han gjentok også ofte, at han elsket de store, djupe grenseskogene. Det var slike skoger han hadde i tankene og ville åpne synet for da han skrev i en av bøkene sine om «et større, skjønnere, enklere liv».

Når Fridtjof Nansen kom til Trysil og Engerdal, likte han å komme sammen med jaktkamerater som kjente marka og viltets adferd. Selv sparte han seg aldri, når det var bruk for et krafttak. Folk som var sammen med ham på jakt, har fortalt hvordan Nansen «bar seg åt», hvordan han helhjertet fylte sin plass og sitt ansvar i jaktlaget. Han hadde sine bestemte meninger om forhold og framgangsmåter – kanskje var han barskere i marka enn de andre. Det var ingen som var lysten på å følge opp når storelgen var felt og Nansen skar seg en kjøttbit og slafset den i seg så blodet rant nedover haka og bringa. Han hadde også sin egen skikk når jaktlaget kom med nyfelt elg til jaktbua om kvelden. Da var det ingen bønn forbi: Nyrene skulle skytteren, eller de som hadde skutt dyret, først og fremst ha – deretter fikk resten av laget være tilfreds med alminnelig kjøtt. I lag med Nansen smakte alt fortreffelig, men jaktkameratene hans var enige om, at polfareren

var et «råskinn» når han bare såvidt var bortom stekepanna med elgfileten!

Gunnhild var ofte i Kjølberget i Eltedalen og hørte Emma og Karlen fortelle om da Fridtjof Nansen bodde hos dem under rypejakt i høstfjellet rundt Kjølsetertraktene. At en slik berømthet ville komme og bo på en enstaka gard ved Skardfjellet og Blekufjellet, snudde opp-ned på dagliglivet. Bare det beste var godt nok – storruggene fra Røsjøen og kvitosten fra setra skulle hentes og fram på bordet da. Maten ville det alltids bli en råd med, det var langt verre at et flagg og en flaggstang fantes ikke på Kjølberget. Det følte folket på Kjølberget som en skam – var det noen som burde bli møtt med rødt, hvitt og blått, var det Fridtjof Nansen, mente de. Og en utvei ble det. Karlen og jaktkameraten Per Eidet fikk reist opp en stang, og Emma gikk til Eltedalen og lånte flagg. Og da Nansen kom til den enslige fjellgarden i ødemarka, sto flagget luftig ut fra stanga. Til og med en kule lyste i toppen – den var Karlen mester for. Han hadde tatt lommetørkleet sitt, det hviteste av dem, stappet det knallhardt med høy og surret «kula» fast på toppen. Alt var som det skulle være når storfolk kom til gards.

Emma Kjølberget var Fridtjof Nansens matmor da polfareren var på rypejakt i høstmarka rundt Skardfjellet og Blekufjellet. Etterpå fikk Emma og Karlen på fjellgarden Kjølberget et stort fotografi av Nansen med takk for storørreten fra Røsjøen og kvitosten fra setra.

Nordli-folkene var selvhjulpne med det meste. Gunnhild tenkte ikke så mye over det, små og store ting kom av seg selv og var naturlige brikker i hverdagsspillet. For henne var det opplagt å gjøre det hun ble bedt om og ta til takke med det hun fikk. Det var ikke rare greiene som ble til overs for henne – fra barndommen kan hun ikke minnes at hun noen gang fikk et par nye sko. Kjolene overtok hun fra eldre søstre – kjolene var velbrukte da, og de var lange og slarvet rundt leggene. Pytt med det, så lenge hun var hjemme på Nordli gjorde det ingen ting – men det kom til å bli en annen dans når skolen begynte. Søsknene hadde varslet om det. Og det grudde Gunnhild seg til.

Men dagene på Nordli kom også med stunder da lekelysten fikk utfolde seg. Da fant Gunnhild pene, runde småsteiner – munkekuler, kalte hun det – og «munket» med dem i timevis. Men det likeste var å samle steiner og kongler og lage eget fjøs med mange dyr i. Hver stein og kongle fikk navn, og alle oppførte seg som dyra på Nordli. Hun pratet med dem om løst og fast, om vær og vind, roste noen og var streng med andre. Ikke alle klarte hun å holde styr på — noen stanget og var uvenner, andre hoppet over kvister på samme måten som geitene danset over tømmerstokkene utpå Engersjøen om vinteren — ja, et par av grankonglene måtte til og med til okse skulle det bli nye kalver i fjøsbingen!

— En dag kom Martha, venninnen min, og sa at hun var opprådd og lei seg. Jeg var åtte år da. Far til Martha var skinnfellmaker i bygda, og hun hadde en dukke som dessverre hadde sett sine beste dager. Særlig sto det ille til i klesveien. Martha fortalte bedrøvet, at dukken hennes halvfrøs i kulda. Ikke var det noen stas lenger å vise den fram heller. Faren hadde gitt henne flere skinnlapper som var blitt til overs på verkstedet — mye ren og fin ull satt igjen på lappene. De varmet nok godt, visste Martha, men de passet best i dukkesengen. Og Martha ville så gjerne danse med dukken på fanget, men da måtte den ha en festlig og pen kjole på seg. Jeg ville prøve å hjelpe Martha. Først klippet jeg ulla av skinnfellbitene og kardet «tuller», vi kalte. Rokken hadde jeg lært å bruke før. Det var moro å spinne, og rokkehjulet surret og sang mens meter etter meter med ullgarn tvinnet seg inn på snella. Men garnet var så fargeløst og trist — kunne ikke mor hjelpe meg litt? Jeg fikk rødfarge av henne, kokte garn og farge sammen og hengte det til tørk. Det tok en evighet, syntes jeg, før jeg kunne ta heklenålen og sette i gang med heklinga. Alt gikk som en lek. Og noen dager etterpå frøs ikke dukken til Martha mer — nå hadde den fått både kjole, kyse og muffe til å stikke hendene i.

Året etter var det Gunnhilds tur til å være molefonken. Men heldigvis, hun hadde broren Ivar å støtte seg til – han var et par år eldre. Den store drømmen var å eie et par ski. Men Gunnhild og Ivar kråkte ikke om det, – skulle de få ski på beina, fikk de værs'god å skaffe dem selv. Faren hadde sagt en gang, at «den som itte hjelper seg sjøl, kjem ingen veg». Nå ville Gunnhild og Ivar bevise, at de sto ikke i bet.

– Vi ville laga ski til oss sjølve. Vi tok øksa og stabbet gjennom snøen opp i skogen ovafor Nordli – Ivar først, jeg etter. Han stanset ved ei bjørk, gikk rundt den flere ganger, skakket på hodet og så ut som om han forsto seg på rette emnet. Jeg syntes bjørka var for stor og tung. Men Ivar sa at den var rette slaget, og hogg bjørka ned. Ikke langt unna falt jeg for en liten, pen gran med rett stamme og med bare noen få kvister oppi toppen. Den hogg jeg ned. Rødmusset og nesedryppende av anstrengelser og ivrige etter å få til ski av bjørka og grana, kom vi hjem igjen. Vi var aldri i tvil om at forsøket skulle lykkes.

Vi holdt til ute på vedbakken, der fikk vi være mest i fred. Største problemet var å dele stammen skikkelig. Ivar visste råd. Han laget kiler av tre, vi hogg dem på rett linje inn i stammene og banket dem med øksa. Kilene gikk djupere inn for hvert slag, kløfta ble større og håpet steg. Endelig – stokkene revnet og motet vokste. Vi skulle klare det nå.

Ivar og jeg ble enige om lengden på skiene. Ikke et øyeblikk var vi usamse om noen ting. Vi grovøkset halvklovningene. Jeg ville ha tynne, lette ski og var nokså flittig med øksa. Så tok jeg høvelen –

høvlet og jevnet og skavlet så flisene føk. Hver flis var en oppmuntring. Nå skulle det ikke vare lenge før Ivar og jeg var Trysil-Knut'er over snøflatene på Nordli.

Jeg la mye arbeid i skituppa. Skiene skulle ikke bare være tynnest frampå, de skulle også smales av og ende i en velformet knort. Og så måtte hvert ski, midt under, ha en pen, ordentlig renne for bakenden til brettinga. Det var viktig — uten en slik renne, eller «vela», som vi sa, ville skiene ikke gå støtt gjennom snøen. Da ville jeg også føle meg sikker i utforbakkene. Jeg brukte teljekniven og karvet ut renna. Jeg så for meg et julekort jeg hadde sett en gang. Der satte en dame med fotsid, vid kjole og sløyfe i hatten, utfor en bakke så snøføyka hvirvlet og skjørtet sto som et seil rundt henne. Slik var det jeg ville sette utfor i hellinga mot Engersjøen!

Nå kom alle gamle, utslitte sko på Nordli til god nytte igjen. Ivar og Gunnhild trengte bindinger til ny-skiene sine, og det fikset de på en grei måte. De skar kragen av to par sko og brukte det som skohetter — hettene spikret de på skiene med småspik, tett i tett. Så klipte de lange falser av tjukke, avlagte klær, trakk remsene gjennom skohettene og gjorde en sving bakom hælen før de knyttet hardknuter foran.

— Men ennå gjensto viktige ting — skiene skulle brettes, staver måtte finnes og skismøring skaffes til veie. Brettinga gikk greitt. Vi stakk skituppene i sprekker i vegglaftinga og knytte på tunge vedkabber for å få et skikkelig press. Vi var nøye med skibrettinga, den tok flere dager, og vi fulgte utviklingen med oppspilt interesse. Til og med om nettene våknet vi og tenkte på om vi fikk til bretten slik vi ville ha den. I mellomtida lette Ivar og jeg etter stavemner. Vi bedømte småbjørkene oppunder østlia før vi endelig fant et par tynne, rette stammer vi var fornøyd med. Nevra flekket vi av og stavene satte vi til tørk ved ovnsmuren på kjøkkenet. Trinser så vi ingen som brukte, derfor brydde vi oss ikke med det. Men vi fikk en talgbit av mor til å smøre skiene med. – Geittalg, sa mor – den sitter bedre enn sautalgen.

Så kom den store dagen – Ivar og jeg skulle prøve skiene. Vi var så spente at vi glemte å snakke med hverandre. Vi ville heller ikke at noen skulle se oss ennå, det kunne jo hende at alt ikke gikk som vi hadde drømt om. Men Ivar og jeg var godt sammensveiset nå – ble det fiasko, var vi to om å dele den.

Vi fant ut at det var klokest å slippe oss utfor hellinga ned mot sjøen først, vi fikk gå varsomt fram og ikke ta brattlia med det samme. Forsiktig knyttet vi skiene på oss, og spente tok vi de første stavtakene bortover snøflata. Skiene bar fint, og brettene stakk som smale båtstavner opp over snøskorpa. Motet og begeistringen vokste i oss. Nå vågde vi hva som helst – og satte frimodig utfor. Det kilte i magen min, jeg hylte henført, og den lange hverdagskjolen min flagret omkring meg – nå var jeg dama på julekortet! Med fin sus i skiene fløt jeg utover sjøisen, hvert sekund var et friskt pust av nye opplevelser. Jeg snudde meg i nysgjerrighet og så meg tilbake. Bak meg lå to ferske skispor, *mine* skispor, begge med ei høy, rett rand i midten. Jeg var stolt og glad nå, men jeg begrep ikke hvorfor jeg hadde mest lyst til å tute. Tårene presset seg fram. Ivar skjønte meg. «Knøttet» da, sa han. Alle kalte meg «Knøttet» da jeg var lita.

– Farten var for stor, skyldte jeg på. Jeg vendte meg bort, vassøyd og skamfull.

Tapperheten hos Gunnhild var det ingen ting i veien med. Så da Ivar foreslo å prøve en brattere bakke, var hun straks villig til det. Og da en ny og dristigere utforkjøring var unnagjort, uten knall og fall, var de enige om at det måtte hoppes. Ivar hentet spade og måkte opp et riktig spretthopp nord i bratta på Nordlijordet. Han tråkket godt med skiene og trampet et fast spor på hoppet og i ovarennet – sporet pekte rett vest mot Skagsvola på andre sida av sjøen. Det lå som en ny utfordring i vinterdagen. Jo da – Ivar satte først utfor. Han slo ut med armene, prøvde seg på knekkstil, og landet «støtt som fjell» i nedslaget. Dette ga mersmak. Og Gunnhild gjorde seg klar.

Der! – utfor føk Gunnhild, flakset med armene, men tok seg pent inn igjen og fikk høye poenger av Ivar. Dristigheten økte, og etter en grundig rådslagning hersket det stor enighet om større fart og friskere utgang fra hoppet. – Nå satser jeg alt, forsikret Gunnhild. Ivar nikket. Og stålsatt sto Gunnhild i ovarennet før hun sparket fra for å få god fart. Hun konsentrerte seg sterkt, huket seg godt sammen i tilløpet og satset uredd ut i det blå.

Hoppet ble vinterens store krakk på Nordlijordet. Gunnhild mistet all styring og kontroll. Hun kråkeflakset gjennom lufta med kraftig press frampå skiene, og tuppene gikk med et knekk rett ned i unnarennet. Gunnhild ble slengt framover og rullet som en klesbylt, i kast etter kast, nedover bratta. Men heldigvis reiste hun seg uskadd og så tummelumsk etter skiene sine. Hun hadde mest lyst til bare å bli stående bom fast, men så var det denne

5. Gunnhild . . .

råkalde stumpen hennes da, i friluft under serken, som trengte omsorg. Gunnhild børstet seg ren for snø og så usikker på broren.

– Det var langt, trøstet Ivar og tenkte på hoppet.

Men det var ikke akkurat hopplengden som interesserte Gunnhild nå. Skiene – hvordan hadde det gått med dem?

Begge skiene var knekt i brettinga. Men skifabrikantene på Nordli lot seg ikke knekke. Med et brukket ski under hver arm gikk Gunnhild beslutt-somt direkte til vedbakken hjemme. Der saget hun opp skiene sine. Hun saget stykkene i samme lengde som vedkabbene. Om kvelden varmet de godt i ovnen på Nordli. Det varmet også at Ivar kom taus og satte seg trygg ved siden av henne. For litt rart var det – og det var heller ikke til å unngå å tenke på – at i snøhaugen nord på brattluta sto et par skitupper «på hodet». En sportslig tragedie i vinternatta.

Skitt med det, – Gunnhild mente ikke å sitte med hendene i fanget og sture fordi hun var skiløs igjen. Om noen dager var det skikonkurranse mellom jenter og gutter i Nordnes, og det var klart at hun stilte opp der. Asbjørn Røa hadde tilbudt Gunnhild å låne henne hoppskiene sine.

Det ble en stor og glad dag for Gunnhild. Hun var innstilt på å satse alt. Riktig nok kom hun i iveren litt skjevt ut fra hoppet og havnet mellom store og små tryslinger og engerdøler som var møtt fram for å overvære begivenheten.

– *Jeg* var ikke redd, men trulig var n' Asbjørn Røa litt illsvinn for hoppskiene sine. Men skiene holdt, tilskuerne slapp med et støkk i livet da jeg kom brasende innimellom dem, og dagen endte med en fjerdeplass og en ekstrapremie som stevnets minste deltaker. Det var ei stolt, lita tuppe som trippet hjem til Nordli den ettermiddagen. Jeg tenkte ikke mer på skiene som knakk – jeg tenkte på, at ennå sto det mange fine ungtrær oppi østlia. Det kom til å bli lettere å lage nye ski nå etter at jeg hadde gjort de første.

Verda var kommet i gjenge igjen for Gunnhild.

Skoleårene kom med både vondt og godt. Gunnhild hadde lang vei, flere kilometer ned til Engerneset, der skolen holdt til i det gamle skytterhuset. Vinterstider var det kaldt i Skytterhuset, en skarve etasjeovn sto ved midtveggen og môl bjørkekabber hele dagen. Men det nyttet lite å holde varmen når gradestokken trakk kvikksølvet nesten ned i kula igjen. Noen få pulter sto ute på golvet, ellers satt de fleste elever på benker som var spikret fast i veggen. I Skytterhuset fantes det ikke en stor tavle en gang, elevene satt med grifler og skrev på en tavle som ikke var stort større enn en bok. Gunnhild så ikke et kart før hun kom over i tredje klasse i skolestua på Engerneset. Men både Norgeskartet og Europakartet var så medtatt i brettingene at såvel Bergen som Paris var utslitt og forsvunnet. Det gjorde ikke så mye for Gunnhild, hun hadde fantasi nok til å forestille seg både Tyskebryggen og Eiffeltårnet. Men likest var Norgeshistorien — da satt Gunnhild med åpne sanser og slukte hvert ord lærerinna fra

Jordet fortalte. Slaget på Stiklestad tok prisen, og Olav den hellige ble helten for henne ved siden av faren Ola Nordli hjemme på husmannsplassen!

For det meste gikk Gunnhild alene på den lange skoleveien, men noen ganger hadde hun følge med brødrene Olaf og Ivar. Hun syntes at skoleveien bestandig var så spennende, både om høsten, vinteren og våren. Det var aldri langsomt, alltid var det noe å finne på, og hun somlet ofte såpass på hjemveien at på Nordli var de engstelige for henne.

En vinterdag var ekstra stri for Gunnhild. Hun var på hjemvei fra skolen i et forrykende vær. Stormen kom brått som den ofte gjorde i «dalen bakom fjellet». Som vanlig var hun tynnkledt, uten noen ting utenpå kjolen, ikke et skjerf en gang, og med strømper som rakk henne bare til knærne. Kaldsnoa kjentes som om den blåste tvers igjennom kroppen, og isnåler prikket mot huden. Men hun visste leia, det holdt motet oppe, og selv om snødrevet og isnålene haglet mot den spinkle kroppen og gjorde siktbarheten fortvilet, var Gunnhild ikke et øyeblikk redd for å miste retningen. Men følelsen av å stivne, merket hun mer og mer. Føttene kjentes som om de var dovnet i skoene. Og hun måtte knipe øynene igjen for det meste, ellers var det som noe kaldt og kvasst stakk rett inn i pupillene.

Da! – akkurat da Gunnhild tenkte å rope om hjelp, i håp om at noen kunne høre henne hjemme på Nordli, så hun en skikkelse komme i mot seg. Ut fra snøføyka og vindkastene kom søster Elise nærmest drivende. På armen hadde hun en striesekk, og den tok Elise og la rundt Gunnhild. Hun festet striesekken godt bakpå ryggen hennes med en hårnål. Så la Elise armen omkring den gjennomfrosne søsteren sin, og sammen stanget de seg inn i uværet.

Trette og utmattet kom de fram til Nordli. Gunnhild hadde aldri vært så glad for søster Elise og en striesekk som da.

Skoleveien var lang enkelte ganger. Men da tenkte Gunnhild på ting fra gammeltida, historier hun hadde hørt om folk som slet mye vondt her. En fjellkar fra lenger nord i dalen var opprådd for frøpoteter en vår. Da tok han hesten og dro helt ned til Elverum for å skaffe det. Turen tok mange dager.

Like sør for Stengrundet, omtrent midtveis mellom Nordli og skolehuset ved Engerneset, rant det en liten bekk over jordene. Der stanset Gunnhild ofte. Her kom hun i tanker om Gammel-Grundt, en enstøing og original som hadde levd et enkelt liv her, i gudsfrykt og forsakelse. Han hadde bygd seg en liten stue over denne skvaldrebekken, og der bodde han sammen med noen geiter. Gammel-Grundt syntes det var praktisk slik, avfall og møkk sendte han direkte ned i bekken, dermed var han kvitt det på en lettvint måte. Gunnhild kunne iblant se den gamle mannen for seg der han tuslet omkring med geitene sine, litt tykkfallen, gråskjeggete og med en knortekjepp i handa. Geitene ga de beskjedne innkomster Gammel-Grundt hadde behov for. Når sommeren gjorde det levelig i fjellbygda,

---

Gunnhild 17 år gammel — på denne tida arbeidet hun på Sendsjøvika, en gammel ødemarksgard i fjellet vest for Engersjøen. Her kom hun inn i kjente bjørnetrakter, og han som bygde garden, Tollef Sendsjøvika, kom i kamp med bamsen en gang og gikk resten av livet med stygge arr i ansiktet etter bjørnelabben.

strøk han østover i fjellet med dem. I Østre Metsjøfjellet, der det skråner åpent mot øst og sola får tidlig makt, hadde han reist sin egen kirke – en steinkirke på tre ganger tre meter. Der holdt han sine egne oppbyggelsesmøter i ødemarka. Da sto han med geitene flokket rundt seg og ringte i en klokke. Som gjeterjente hadde Gunnhild mange ganger vært ved kirkeruinene i østlia. Det var fredfullt og godt å være på denne plassen. Graset vokste frodig her, og sammen med buskapen brukte Gunnhild å kvile ved ruinene før hun sveipet videre innover myrflåene. Her fantaserte Gunnhild om hva som hadde foregått her i svunne tider. Da kunne hun se Gammel-Grundt foran steinkirken. Han sto med sommerbrisen i skjegget og ringte med klokka til Herrens ære.

Mens Gunnhild gikk på skoleveien, kom hun også i tanker om et ektepar fra hjembygda som hadde flyttet helt opp til Levanger. Der døde kona, og mannen, som var kommet fra Elverumslekt, satt igjen med tvillingsøstrene Maria og Mette, bare noen få år gamle. Nå ville mannen sørover igjen til sine. Og en vår, på skareføre, kom han langs Engersjøen med småjentene på en skikjelke. Han hadde dratt dem fra Levanger, lagt ruta over Femunden, og fortsatt den lange leia ned gjennom Engerdal og Trysil og videre ned til Elverum.

Mange vårer var kommet og gått siden den gang, men Gunnhild tenkte sitt når hun gikk forbi: Kanskje var det akkurat her, ved Grundet eller Rundegga, den sørgende faren kom med Maria og Mette på kjelken. Kanskje hadde de stanset og hvilt ved Julekveldssteinen nord ved Trefjerdingsbekken. Der hadde to brukere fra Heggeriset berget livet en julenatt. Karene hadde vært på julehandel i Trysil, og på hjemveien var sjøisen blitt så dårlig at de ble tvunget til å ta seg fram gjennom den veiløse snøen inne på land. Men ved den store steinen ved Trefjerdingsbekken orket karene ikke mer, det var umulig å komme videre i mørkret. Steinen hang med et «tak» utover skråningen, og under dette «taket» tilbrakte de to heggerisingene julenatta.

– E gruvsam natt, ble det sagt etterpå.

Slikt gjorde litt vondt å tenke på, syntes Gunnhild. Men heldigvis kvikket det opp langs skoleveien når en liten meise flakset fra en kvist eller en spurv vimset over en hestelort. Hun følte at småfuglene var hennes trofaste venner, og hun fikk et særlig godt øye til meisen, spurven, dompappen og korsnebben, disse små, hardføre fjærnøstene som var dristige nok til å overvintre i slikt et nabolag.

Men på skolen var Gunnhild en fremmed fugl. De fleste på skolen ertet og lo av henne, og det skyldtes de tarvelige klærne hun måtte gå med. Hun skilte seg ut. Bestandig gikk hun i noe trist tøy og subbet en fotsid kjole i bakken. På beina hadde hun grå, hjemmestrikkede ullstrømper. Eneste fordelen med kjolen var at den var lang nok til å skjule de store, slamsete skoene som kippet for hvert skritt. – Titt, titt! syntes Gunnhild at skoene sa – titt og se så stygg og fattig jeg er . . . Og møtte hun noen voksen på veien, satte hun seg ned og dro beina under kjolen for å gjemme bort elendigheten. Gunnhild følte seg mindreverdig, ufiks og utenfor. Ingen brydde seg om å være sammen med en jente som henne. – Sidsel Sidserk, låt det over alt. Hver dag var vond og gruval. Hun orket ikke å se på noen, da møtte hun bare avsky og ertelystne øyne, og hun snek seg forsiktig og flau mellom de andre i elevflokken. Hun ville helst holde seg lengst unna og stå for seg selv med sitt.

– Jeg kom hjem fra skolen nesten hver dag og var rødøyd og nedfor. Men jeg sa aldri noe hjemme om hvordan jeg hadde det, om mobbingen og ertingen på skolen. Jeg var ikke sikker på en gang om noen forsto at jeg hadde det vondt. Aldri tok jeg heller igjen på skolen, når noen drev gjøn med meg. Jeg fikk meg ikke til det, da ville jeg heller tie og gå med vondskapen inne i meg. Noen ganger var jeg så mismodig at jeg følte meg kraftløs og svak. Slike dager grudde jeg for å komme hjem til Nordli, for det hendte at jeg etter skoledagen ble sendt med skikjelken for å hente ved eller høy. En gang måtte jeg opp i lia og hente løv som var lagt opp der om høsten. Jeg knadde på et digert lass og kom som en oskorsrei nedover bratta – trøste og bære meg, som det gikk! Nede på landeveien, like ved Nordli, nådde Petter Vik igjen meg. Han ble dagens lyspunkt. – Nå går du tur sælen, Gunnhild, sa han bestemt og så vennlig på meg. – Dette er itte kvinnfølkarbeid! la han til. Og Petter Vik overtok styringa og dro løvlasset helt fram til Nordli. Hjelpa gjorde meg så inderlig godt, men Petter Vik kom aldri til å forstå det. Og noe som riktig fikk det til å god-krisle i meg og gi meg sjøltillit, var ordene han sa om kvinnfolkarbeid. Tenk det, steinrøysungen fra Nordli så han på som et skikkelig kvinnfolk! Respekten for meg sjøl fikk god næring den dagen.

Men selvtilliten varte ikke lenge. Under lek på skolen var det noen som oppdaget at Gunnhild ikke hadde undertøy under kjolen – de hadde sett et glimt av en bar, blek stump, og det vakte oppsikt og nysgjerrighet. «Nyheten» spredte seg til hele klassen, og elevene var fort enige om at dette ville de ha skikkelig bevis på. Og de modigste i flokken gikk til angrep. Gunnhild ble puffet over ende i snøhaugen av overmakten. To jenter holdt henne fast. Og så ble kjolen dratt opp, og alle fikk bevis på at Gunnhild fra Nordli gikk uten bukser på skolen. – Gunnhild bukseløs, Gunnhild bukseløs! fniste skolebarna og moret seg overstadig på hennes bekostning. Men for Gunnhild var dette den svarteste dagen hun hadde opplevd. Ingen gang hadde verkenskjolen vært motbydeligere å gå i, ingen gang hadde hun følt mer motvilje mot skolen enn nå. Og da hun gikk hjem om ettermiddagen, tungføttes og bedrøvet, tenkte hun med skrekk på at heretter kom hele grenda til å kalle henne «Gunnhild bukseløs». Kanskje skulle hun rømme, tenkte hun, men så kjente hun ingen å flykte til. Hun fikk bare bite fornedrelsen i seg. Gunnhild ville i hvert fall holde tett hjemme om det som var hendt på skolen. Hun la armen mot øynene og tørket bort noen tårer som hun ikke klarte å holde styr på. Så sparket hun kraftig til med beina den siste biten opp bakken mot kjøkkentrappa.

– Jeg følte meg for det meste uglesett på skolen. De som mobbet meg mest, prøvde hele tida å finne en grunn til å plage meg. Til og med da en unge ble født i min nærmeste familie, skulle jeg svi for det. Nå skulle jeg også ha en liten, fant noen av skoleelevene på. De tok og la meg på en krakk. Der holdt de meg fast og tvang meg til å ligge stille. Elevene knislet og lo høyt, og en av dem stappet en rød topplue under kjolen min og sa, at nå var etterbyrden kommet. Det visste jeg ikke hva var, men jeg forsto på lattersalvene, at det var noe hemmelighetsfullt ved det, og at det var dristig sagt. Så slapp de meg fri fra krakken og løp i en støyende klynge bortover veien. Den latteren forfulgte meg lenge. Og hver gang jeg så den røde topplua, stakk det til i bringa mi.

Jeg hadde heller ikke læreren på min side. Han så snill ut når han snakket med de andre barna, men frøs likesom til i ansiktet når han så på meg. Han tålte ikke at jeg spurte om noe, og han hadde lett for «å hakke» på meg for den minste ting.

En dag kom jeg for sent på skolen. Jeg gikk i andre klassen ved Engerneset da. Det hadde snødd mye om natta, og en sterk vind satte inn og kavlet snøen i store fonner. Skoleveien var ingen vei nå, men hjemme på Nordli var det ingen som tenkte på at det kanske var i strieste laget å slippe en småjente ut i uframkommeligheten. Å skulke skolen en dag, samme hva som skjedde, var ukjent på Nordli. Så jeg vabbet av gårde, kravlet på alle fire over snøfonnene, og ble stadig mer engstelig for at jeg ikke skulle nå fram tidsnok. Kulda hadde også satt inn, og det våte på kjolen min etter snøkravlingen, helt fra skoene og opp til fanget, begynte å fryse til is.

Det var tungdrevne bruk i grensebygda da Gunnhild vokste opp. Vann til folk og dyr måtte for det meste hentes i elver, åer og kilder, og vinterstid var det å fylle store trebutter med vann og skyve dem på et «vannski» fram til stue og fjøs. – Fjernsynets Lasse Thorseth har tatt dette bildet i forbindelse med en film om levesett og livsforhold i bygdene øst mot Kjølen.

Det gikk som jeg hadde fryktet. Da jeg kom til skolestua, var timen begynt. Klassen sang, og jeg fikk en innskytelse med det samme: Prøv nå, Gunnhild, og lur deg usett inn!

Men det håpet brast fort. Læreren så meg nok gjennom vinduet, for da jeg prøvde forsiktig å åpne døra, kom han i et raskt tempo imot meg. Øynene var kalde og kvasse, det var like før uværet brøt løs. Og med høyrehanda bent i mot meg, som en støtfanger, dyttet han meg ut igjen. – Stå ute, du Gunnhild, befalte han morsk – du bryr deg ikke om skula allikevel, du . . . Dermed smelte han døra hissig i foran ansiktet mitt. Jeg sto lamslått og kjente halsen snørte seg sammen. I hodet suste det som etter en kraftig ørefik.

Jeg ble stående utafor døra og hutre i kulda gjennom mesteparten av skoletimen. Isen begynte «å brenne» mot knærne og leggene. Jeg var fortvilet og kjempet med gråten, men tårene frøs fast i øynene på meg. Jeg syntes det varte en evighet før noe skjedde. Men så gikk døra opp i ei bråvending. Der sto læreren med et foraktelig kast på hodet etter avstraffelsen og befalte meg å gå inn. Jeg ravet mot benken og plassen min. Alt sto stille nå, både tankene mine og dem jeg skimtet omkring meg. Alt var uvirkelig, alt var fjernt.

Gunnhild fortalte ingen om straffen hun fikk på skolen denne vinterdagen på Engerneset. Hun trodde ikke at hun hadde noen rett til det, og en sladrehank ville hun ikke være. Dessuten var hun heller ikke sikker på om hun kjente noen som sto på hennes side. Mange bitre piller hadde hun svelget før, hun fikk også klare denne.

Men denne gangen tok Gunnhild feil. De andre

skolebarna hadde fortalt foreldrene sine om hvordan Gunnhild var blitt behandlet av læreren. Gunnhild kunne ikke riktig forstå det, men de voksne hadde sagt, at overgrepet «jentungen på Nordli» var blitt utsatt for, kunne de ikke finne seg i. I rettferdighetens navn måtte de gjøre noe med saken, for samvittigheten var vekket i Engernes-grenda.

Skoletilsynet ble varslet. Det var ikke vanskelig å finne sympati og medhold for Gunnhild da, og med harme over sitt ærend troppet tilsynet opp og ga skolemesteren en alvorlig reprimande.

Det var en stor seier for Gunnhild. Nå forsto hun, at også andre brydde seg om henne, ikke bare de hun delte matbitene med hjemme på Nordli. Om kvelden leste hun kveldsbønnen sin med mer inderlighet enn før. Og da hun kom til å tenke på, at hun en dag tidligere hadde sklidd på sjøisen så den gynget og hun nær på var havnet i den livsfarlige Harbekkråka, ja, da knepte hun hendene enda fastere sammen og ba bønnen to ganger.

Etter den dagen hadde Gunnhild aldri noe trøbbel med læreren.

Etter hvert fikk Gunnhild merke på skolen at det var et menneske som hadde omsorg for henne og ville henne vel. Det var klassekameraten Helga.

– Matkvarterene på skolen grudde jeg meg til hver dag. Jeg stakk alltid ut på gangen for å være for meg sjøl med matpakka. Jeg visste alltid hva som fantes i pakka, og jeg var skamfull over det. Fikk de andre se maten min, ville de få noe å flire av og erte meg med. Flere ganger pakket jeg ikke opp skolematen min i det hele tatt, i frykt for at de andre kunne oppdage hva jeg bar på. Jeg gikk heller sulten enn å møte kaldfliret fra klassekameratene. Matpakka orket jeg ikke å se lenger, jeg kjente kvalme bare jeg så gråpapiret.

Helga forsto mer enn jeg var klar over. En dag fulgte hun etter meg ut på gangen og spurte om jeg var sjuk ettersom jeg ikke spiste. Helga sto mild og alvorlig ved sida av meg. – Får je sjå hå du har i matpakka di? spurte hun forsiktig og så halvblyg på meg.

Jeg nektet det. Jeg orket ikke nedverdige meg til de grader. Jeg visste, at skulle hele klassen få vite om skolematen min, klarte jeg ikke en dag på skolen mer. – Pakk opp nå, Gunnhild, ba Helga fortrolig. Og da hun lovte meg, at hun ikke ville si et kløvje ord til noen, brettet jeg opp gråpapiret.

– Ei halv sild og to poteter, sa jeg. I det samme falt et par tårer ned i papiret. – Hver dag det samme, la jeg til.

Helga sto alvorlig foran meg. Jeg ventet at hun skulle si noe, men hun ble bare stående og se på meg. Så smilte hun svakt og gikk stille på tå-hev inn til de andre i skolestua. Jeg undret meg litt over Helga, og samtidig kjente jeg på meg at jeg hadde en venn i henne.

Det var riktig. Fra denne dagen forsvant den halve silda og de to potetene fra skolematen til Gunnhild. Helga sørget for det. Hun bodde hos en snill baker, og hun fortalte ham om «Knøttet» fra husmannsplassen nord ved sjøen. Og hver eneste skoledag etterpå kom Helga med en pose fra bakeren, den var fylt av skalker og avskjæringer. Nå spiste Gunnhild sammen med de andre, og Helga fortalte ikke til en sjel på skolen om silda og potetene. Og så var det en ting til hun hadde forstått nå: I bibeltimen på skolen hadde læreren snakket om Guds øye som så alt. Gunnhild begrep ikke det. Men nå var tvilen borte, nå var hun bom sikker på at Guds øye hadde sett matpakka hennes ved Engerneset to-delte skole – og valgt Helga til å hjelpe henne i nøden.

Like over nyttår i 1917 ble det utført en bragd i vinterfjellet øst for Nordli. De som sto for bedriften var to småjenter på 10 og 8 år – den eldste var Gunnhild, den yngste var søsteren Inga.

Hjemme på husmannsplassen gjorde Gunnhild seg klar til å gå på skolen, den lange veien ned til Engerneset. Veslesøsteren Inga hadde også begynt på skolen nå, og de likte å gå sammen på den snirklete veien langs sjøkanten. Denne morgenen var det ekstra kaldt i stua på Nordli, lite med ved og mat var det, men det verste av alt var at det fantes snart ikke et høystrå å gi dyra. Løa sto tom, båsene var bunnskrapte og far Ola lå sammen med sønnen Karl på tømmerhogst langt nord i dalen. De ble borte i dagevis. Mor Marthe gikk fortvilt og tilknappet mellom fjøset og stua og visste ikke sin arme råd. Gunnhild syntes at mor så streng ut da hun brått kom inn gjennom kjøkkendøra og satte hendene fast i hoftene: – Vi lyt ha mat åt dyra, sa hun. – Kjelken står utafor døra.

Gunnhild oppfattet ordene som en ordre. Hun forsto på flekken hva det betydde: Inne på vinterfjellet, på Rypåssetra som faren hadde bygd opp, var det høy i løa. Det måtte hentes hjem til Nordli nå, koste hva det koste ville. Fikk ikke dyra mat, ville det stå stusslig til på husmannsplassen. Det var verre når det var matløst i fjøset enn i stua. Og så fikk Gunnhild og de andre bare la det rumle sugent i magen en gang i mellom. Gunnhild trodde alltid at det ble en råd, og nå tenkte hun utelukkende på hvordan hun skulle klare brasene. Det var tydelig at ansvaret var lagt på henne, det hadde hun sett på det utilnærmelige i ansiktet til moren.

Gunnhild visste hva hun nå gikk til, hun hadde flere ganger allerede vært med far sin og hentet høy og livberging på Rypåssetra. Hun skulle nok finne veien og holde ut, men så var det Inga – var åtteåringen sterk nok for en slik påkjenning? Hun så vurderende på Inga et øyeblikk. Søsteren sto blek og tynn i klærne, midt på kjøkkengolvet. I handa holdt hun skolesekken, den hadde moren sydd av gamle traser. I sekken lå skolebøkene og en liten matpakke. Gunnhild visste at det var ikke mer mat i pakken enn det vesle som skulle holde til en skoledag. Men hva kunne de berge seg med på langturen innover lier og fjell til Rypåssetra? Så langt var det innover de øde strekningene der, at de måtte belage seg på overnatting i den vinterkalde seterstua. Moren nevnte ikke det, men bare skyndte seg ut igjen og hastet over den vesle gardsplassen mot fjøset og krøttera. Det knirket kaldt under skosålene for hvert skritt hun tok. – Hysj, hysj, syntes Gunnhild det låt etter henne.

– Dette skal vi klare, vi to, sa Gunnhild kjekt og

så oppmuntrende på Inga.

Mens moren var i fjøset, tok småjentene den tunge, grovgjorde kjelken og dro sørover mot Engerneset. Ennå lå tusmørkret over dalen, husene på Nordli hadde ikke riktig våknet etter natta, gnølet fra slameiene låt som om noen bar seg ille i kulda. Og fra nese og munn på jentungene sto pusten som små tåkesøyler ut i den tynne lufta.

Ved Stengrundet, noen kilometer sør for Nordli og halvveis til skolestua i Engerneset, satte småjentene igjen kjelken. Her gikk veien opp den steile lia som førte til fjells og videre østover til Rypåssetra.

– Vi turde ikke skulke skola, så vi pigget avsted mot Engerneset, halvredde begge to for å komme for sent. Den dagen syntes vi timene var lange på skola. Tankene kretset hele tida om turen som ventet Inga og meg. Jeg var bekymret for disse hersens klærne vi støtt var nødt til å gå i – verken Inga eller jeg hadde serk eller bukse under kjolen. Vi hadde ikke så mye som et skjerf å slenge rundt halsen en gang – ikke ei lue, ikke et par skikkelige sko. Slik måtte det være, tenkte vi. Og i matkvarteret delte vi søsterlig det vesle som fantes i pakka vår – så var vi ferdige med det.

Ingen på skolen visste noe om hva Gunnhild og Inga skulle ut på om ettermiddagen. Småjentene holdt det for seg selv. Det vedkom ingen andre hvordan de hadde det eller at det var tomt for mat til dyra på Nordli. Så da skoledagen var slutt, gikk Gunnhild og Inga på hjemveien som de pleide.

– Men ved Stengrundet stanset vi. Der satte vi igjen den stygge skolesekken vår, for nå fikk bøker og lekser seile sin egen sjø. Jeg tok kjelkedraget over skuldra. Inga kom ivrig etter i snøhaugen bak meiene. Noen vei fantes ikke, jeg så bare merker i djupsnøen etter hesten på Stengrundet – den hadde dratt lass her for et par dager siden. Jeg sokk i snøen til knærne, og vi dro kjelken rykkevis. Inga prøvde å skyve på, men rett som det var gikk kjelken fortere enn henne, og hun stupte hodekulls i snøen. – Boms i bakken! sa jeg for å kvikke henne opp. Da så Inga forundret på meg, med store, glade øyne. Og jeg ble faktisk litt sterkere av det. Krefter trengtes nå, for hardeste tørnen på hele turen var brattlia opp til toppen, der flatfjellet begynte.

Vi tok ikke lange fløttet om gangen, men stoppet heseblesende og kvilte på. Vi var svette og rødkinnet begge to, men det varte ikke lenge før kulda trengte seg på og stjal varmen fra oss. Vi ble fort blekansikter igjen.

Himmelen klarnet over Gunnhild og Inga, den trakk over seg en stålblå farge som varslet sterk kulde. Vestfjellene begynte å pensle ut mørkeblå klatter mellom snøflatene og tegnet skarpere linjer mot det strenge vinterlyset. Nord i horisonten, akkurat der storskogen frynset toppene sine inn i restene etter solefallet, og der kanskje Ola Nordli og sønnen Karl tok kveld nå i tømmerkoia, sto et par stjerner innhogd i det blå. Stjernene lyste som en blank hilsen ned mot de to småjentene ved en tung kjelke i snølia øst for Stengrundet. Det var så stille at Gunnhild måtte holde pusten. Nede i dalen klang det mørkt og kjent i en hestebjelle – gampen på Stengrundet trakk siste tømmerlasset for dagen fram til sjøisen. Alt var kjente toner for småjentene, alt var godt å se på. Og Gunnhild var sikker på alle bakker og kurver, alle flater og utforkjøringer, så hun skulle nok finne fram til den nedsnødde Rypåssetra inne på vidda.

— Vi kom opp på fjellet sør for Vestre Metsjøkanken, ikke langt fra Varden, der folk som gikk i fjellet brukte å kvile. Om somrene så vi Rypåssetra herfra. Når jeg sto ved Varden og så mor utafor seterstua — lita som ei svart dukke gikk hun over den grønne setervollen — begynte jeg «å lale» til henne, — Å, la-la, deg mamma, å, la-la deg! Og er det a mamma, så svara du meg — å, la-la deg! sang jeg så det ljomet utover fjella og ned mot seterdalen.

Så lydde jeg spent, om jeg fikk noe svar. Og nede fra setra ljomet det tilbake, fint og melodisk, opp imot meg: — Å ja, det er a mamma, å ja, det er meg. Og takk skal du ha for du la-la på meg — å, la-la deg!

Men denne vinterdagen var det ingen «å lale» til på Rypåssetra. Gunnhild hadde ikke lyst heller. Det som sto i hodet på henne nå, var å komme fortest mulig til setra før det ble for mørkt. Det gikk fykende nedover fjellsida, — Inga satt på kjelken og holdt seg krampaktig fast i et tau. Gunnhild var «bremsekloss». Hun måtte passe nøye på både farten og leia — kom småjentene ikke bent på setra, var det lett å tulle seg bort.

— Heldigvis var vi på rett kjøl. Men vi lo begge to da vi sto mellom seterhusene. For det første lo vi av glede over å være framme, for det andre moret vi oss over å se seterstua nå. Murpipa stakk såvidt opp

---

Slik sto jeg mange ganger som småjente ved Varden på Vestre Metsjøkanken og lalet til a mor nede på vollen på Rypåssetra: — Å, la-la deg mamma, å, la-la deg! Og er det a mamma, så svara du meg — å, la-la deg! — Og a mamma svara, det låt så ubegripelig fint over skogen og fjellet.

over snøen, døra var nesten overdynget av fonner, og nordvinduet så vi bare karmen av. Den låge seterstua så ut som om den sov under snødyna og vi ville vekke den.

For en oppvekking seterstua fikk! Vi trampet og rotet i snøen, måkte med hendene og bendte og skjøv mot døra. Endelig presset vi opp en såpass gløtt at Inga og jeg kunne smyge oss inn.

Det var bitkaldt i stua. Og en innestengt, guffen lukt slo i mot oss. Mørkt og skummelt syntes vi det var, men jeg fant fyrstikker og tørr ved og fyrte opp i den åpne murpeisen. Det lyste trivelig med det samme, og varmet godt. Nedetter peisveggen begynte det å renne tynne, blanke vannstriper fra islag og innblåst snø. Trette var vi nå, temmelig sultne også, men ingen av oss ytret noe om det. Nå var det viktigst å komme til løa, like sønnafor seterstua, og få knadd på et riktig dugelig lass.

Vi satte kjelken kloss inntil løeveggen. Inga gikk inn i løa, rev løs høytapper og sendte dem ut til meg. Jeg fordelte høyet jevnt utover kjelken, trødde og tråkket det godt sammen og bendte lasset i hop med grove tau. Deretter dro vi lasset fram til seterstua, vi satte det utafor døra til natta. Det luktet sommer av lasset, og det lignet et stort, lurvete dyr som hadde lagt seg i snøhaugen.

Jeg la merke til at Inga var rask til å putte snø i munnen. Hun var sulten og tørst nå etter strabasene. Jeg var mest spent på om det kunne oppdrives noe å spise i seterstua. Det pleide å henge en liten pose med mjøl i oppunder taket – hang den der ennå, mon? Å, ja! Jeg sukket lettet da jeg oppdaget posen og skjønte at det var mjøl i den. Nå fylte jeg snø i en kjele og brånte den ved peisvarmen. Jeg slo vannet i ei trebolle, hadde oppi ei klype salt og rørte det sammen med mjølet. – Vi ska itte suge på labben, Inga, sa jeg for å trøste henne – pannekaka er snart ferdig . . . Blek og forknytt satt Inga med fanget mot varmen. Hun så tappert på meg og prøvde å få til et lite smil. Vi følte visst begge at vi var godt sammensveiset i disse rare minuttene. Det var jo bare oss to nå, vi hadde ingen andre å stole på. Og det var nesten litt nifst, at vi var langt, lange inne i fjellet, med snø og vidder til alle kanter. Og ei kaldnatt skulle vi igjennom. Men vi var helt rolige, begge to. Vi kjente at varmen stadig fikk mer tak i stua, alt rått og klamt ble borte. Og heldigvis, en stor vedstabel lå som tryggheten sjøl inntil veggen.

Jeg fant en liten smørklatt på ei hylle. Smøret var beskt, men jeg puttet det i en klut jeg rev av oppvaskfilla og smurte stekepanna forsiktig. Jeg slo røre oppi panna, og nå var det ikke lenge før festen begynte! Aldri hadde ei pannekake smakt så himmelsk, aldri hadde Inga og jeg vært mer sultne og slitne heller. Vi satt i ljøska fra peisvarmen og stappet i oss, bit for bit, med bare fingrene. Men jeg tenkte også på dagen i morgen, så da vi hadde spist oss mette, stekte jeg et par pannekaker ekstra.

Nå begynte trettheten å sige innpå oss. Vi satt søvnige og duppet litt med hodet mot fanget. Vi prøvde å holde oss våkne en liten stund for å få mest mulig varme i stua før vi la oss. Jeg visste at det ville komme vel med, i senga var det bare høy å ligge på og ei fillerye til å slenge over seg.

Inga krøp først opp i senga. Klærne hun gikk og sto i var tørre og varme nå. Jeg la flere grove vedkabber opp i muren, de ville brenne i flere timer utover natta. Så kuret vi oss tett sammen i senga, la

fillerya over oss og stappet godt til bak ryggen. Vi kjente kroppsvarmen som ei mjuk pute mot hverandre. Det steg trivsel og stille glede opp i meg. Kanskje følte Inga det samme, for uten at vi pratet om det, foldet vi samtidig hendene våre og leste kveldsbønna høyt. Det hadde vi aldri gjort før.

Inga sovnet fort. Hun lå avslappet, med ansiktet vendt imot meg, og i lysskjæret så det ut som om hun lå og smilte. Jeg holdt meg våken litt lenger for å være sikker på at ilden ikke blusset opp for voldsomt. Jeg var redd for at det kunne fyke gnister utover setergolvet.

Nå lå Gunnhild og fulgte sotglørne som tindret i peisen og vandret som et stort følge oppover den kullsvarte veggen. Brudefølge, kalte tryslingene det. Og nå begynte en underlig historie fra gammeltida å stige fram mellom ildtungene og vedkabbene:

Nord i nabodalen, på velstandsgården Vestues i Heggeriset, var en seks år gammel gutt plutselig blitt sporløst borte. Gutten het Ole. Han forsvant mens folket på garden en tidlig morgen drev ute på slåtten. Det ble søkt etter gutten overalt i grannelaget, men fånyttes. Ingen hadde sett ham, ingen fant et spor. Og etter som dagene gikk, ble Vestuesfolket sikrere på at det måtte være de underjordiske som hadde tatt gutten fra dem. De underjordiske

---

Ved Rypåssetra med Vestre Metsjøkanken i bakgrunnen. Over dette fjellet dro Gunnhild og søsteren Inga, 10 og 8 år gamle, et tungt høylass en kald dag i januar 1917. Småjentene ble sendt inn i vinterfjellet for å hente livberging til dyra hjemme på Nordli — en bedrift det ennå går frasagn om i grensebygda.

hadde vært frampå før med strekene sine, nå var nok Ole kommet ut for dem. Foreldrene ville at ingen ting skulle være uprøvd — den eneste som kunne hjelpe nå, var Vårherre. Intet var verre enn uvissheten, og for å tilkalle de høyere makters hjelp, skjenket faren til den forsvunne gutten en rød, vakker alterduk til Trysil hovedkirke. Men også dette håpet brast. År fulgte på år, men guttens skjebne forble en gåte. På Vestues måtte familien prøve å bli fortrolig med at de aldri fikk se Ole igjen.

Mange år senere skjedde det noe uforklarlig. I en dal langt mot vest var en åkergraver ute og brøt ny jord. Mens spaden og spettet klirret i jord og stein, ble åkergraveren overdøvet av en sterk og påtrengende lyd som kom oppe fra lufta. Det sang og suste ned mot dem, det var som et stort følge med spillemenn i spissen dro over himmelen, bak drivende sommerskyer, fra vest og østover mot grensefjellene. Og oppe fra bruset hørte åkergraveren en kraftig stemme rope ned til seg: — Nu rider Ole Gjermundsen Heggeriset brudgom for anden gang! . . .

Den merkelige hendelsen fikk de høre om på Vestues. Da nikket folket der bekreftende — nå var det ingen tvil lenger, sønnen Ole var i de underjordiskes vold. Men i kirkeboken ved Trysil hovedkirke sto fortsatt en rød alterduk innført som gave — «givet af Gjermund Gjermundsen Heggeriset» . . .

Gunnhild var ikke det spor urolig over historien. Nå var *hennes* brudefølge i sotlaget på peismuren nesten borte, det bare glødet litt, som et brennende slør i tusmørkret. Hun dyttet filleryen varsomt til bak ryggen på Inga, og hvisket lavt: Bremseklossen min, i mårrå skal du få klore alt du er kar om nedover østlia mot Stengrundet.

Gunnhild la hodet i handa og sovnet med det samme. Det var gjennomvarmt og tørt i seterstua nå. Men utafor var det kaldt, og himmelen sto høy og stjernesådd over en kjelke med et lass på.

– Jeg våknet tidlig neste morgen. Vi hadde ingen klokke med oss, men jeg så gjennom den øverste ruta i glaset, at Vårherre hadde tent demringslyset. Kaldt var det også inne i seterstua, i den åpne peisen var allting svart. Vi kom oss kvikt opp fra sengehøyet og fillerya, fikk skoene på i en fart og spiste de to pannekakene jeg hadde stekt kvelden før. Så stengte vi seterdøra grundig etter oss og startet på langturen vestover fjellet. Jeg gikk foran med styrestanga – eller staje, som vi sa – og med dragtauet over skuldra. Inga var nesten gjemt bak høylasset der hun tok spennetak med føttene i snøen og skjøv på med begge hendene.

Først måtte vi over noen myrer, så begynte den tunge oppstigningen mot fjellet. Vi tok rykk for rykk, og vi kvilte litt mellom hvert framstøt. Vi var usikre på hva klokka var, men vi mente at det var like lyst nå som da vi startet fra Nordli morgenen før. Derfor håpet vi på å være framme ved Engerneset før skolen begynte.

Vi pustet lykkelig begge to da vi sto med lasset frampå høgda og så dalen åpne seg nedafor oss. Så slapp vi oss utfor lia. Jeg satte skohælene stivbent i bakken og stolte på at «bremseklossen» min gjorde det samme. Jeg hadde vært med på denne stygge skyssen utfor lia mange ganger, men jeg var like spent og oppspilt hver gang. Jeg falt aldri til ro før lasset var framme. Det var fort gjort å få beina under kjelken, og da var du prisgitt en uviss skjebne.

Men vi kom drivende ut av snøføyka og svingte

radig inn på flatmarka ved Stengrundet. Jeg konstaterte at Inga var med, hun hadde gjort en bra jobb i heksegryta bak høylasset.

I et dalsøkk ved Stengrundet satte vi fra oss lasset. Vi hentet skolebøkene våre og småsprang kilometerne ned til skolen. Vi var matløse nå, men ikke motløse. Heldigvis kom vi tidsnok til skoletimen begynte. Ingen visste at vi hadde vært i vinterfjellet om natta. Ingen oppdaget heller at vi hadde skulket leksene. For Inga og meg gikk dagen som en alminnelig skoledag. Bare en ting var annerledes: vi hadde ingen matpakke å dele i matkvarteret.

Da skoledagen var over, hastet Gunnhild og Inga til Stengrundet. Der hentet småjentene høylasset i dalsøkket og dro det hjem til Nordli. Mor Marthe var med og dro lasset de siste meterne fram til fjøsdøra. Men hun sa ikke takk for lasset.

Gunnhild hadde heller ikke ventet det. For hun ante allerede da, at den som har et fang ingen får sitte på, kan umulig ha en munn som bruker gode ord.

De nærmeste årene framover ble nokså vekslende for Gunnhild. Vintrer og somrer kom med glade og mindre gode stunder – også med tårer, når hverdagen gikk på tverke. Tårer fulgte alltid fattigmanns vei i den tida, og den veien var mange tvunget til å gå i det karrige samfunnet Gunnhild vokste opp i. Husmannsplassen Nordli var et riktig eksempel på det. For Gunnhild var det uomtvistelig og naturlig, at hun måtte hjemmefra så fort hun kunne gjøre nytte for seg og tjene sitt eget brød. Hun hatet til slutt det lille knyttet med ombytte og strømper i, som hun gikk og dinglet med på landeveien når hun var på tur til fremmedfolk – enten for å gjete eller holde styr på viltre unger. Ingen vei var lengre enn veien som gikk hjemmefra, syntes hun. Og selv om det ofte var hardt og kummerlig på Nordli, snaut med mat og trangt om plass, så ville hun tusen ganger heller ha det slik enn å føle seg bortsatt og hundset hos andre. Det hendte at matbiten ble slengt til henne, som til en bikkje. Men gudskjelov, alle var ikke like – det fantes også folk som viste omsorg og hjertelag for Gunnhild. Og ingen ting var hun mer lykkelig for enn når noen sto på hennes side og var villig til å forsvare henne, om det knep. Ingen kunne heller riktig begripe så vondt det var å gå «for lut og kaldt vatn». Aller verst var det for Gunnhild når faren kom på besøk og skulle gå hjem igjen. Da tryglet og ba hun bestandig pent om å få bli med. Men det var blankt nei. Og når så ryggen til faren forsvant i synsfeltet, sprang hun trøstesløs og gjemte seg, i vedskjul og mørke rom. Der sto hun og stortutet til noen hentet henne.

Men konfirmasjonssommeren ble en gledens tid for Gunnhild. Hun var da kommet til noen snille mennesker på et sted under Trysilfjellet. Og så gikk hun for presten nede i bygda. Hun hadde et drøyt stykke å gå nedover lia, men det gjorde ingenting. Hun var mottakelig for alt nå, sansene var åpne, trær, blomster og lyng duftet imot henne, solvarmen dirret over marka der hun gikk, og skogstjernene hadde åpnet sin hvite sommerballett mellom trærne. Og oppdaget Gunnhild en linneablomst ved stien, slo hun seg gjerne ned og ble sittende lenge med de to lyserøde klokkene i handa. Det var som å sitte midt i fedrelandssangen, syntes hun – eller i salmeverset om takksigelse, som presten hadde lært henne. Presten hadde også snakket om evigheten som var lagt ned i hjertene. Nå forsto Gunnhild godt hva presten mente.

Gunnhild hadde aldri kjent seg friere enn nå. Ingen krevde noe av henne, og hun nøt hver dag hun gikk denne veien ned til dalen, over brua ved kirken, der Trysilelva fløt forbi, skinnende som et sølvbrett.

– På konfirmasjonsdagen var jeg tindrende

glad. Jeg hadde fått ny kjole, den var svart med fine blonder og knapper. Jeg hadde nytt undertøy og nye strømper. Og framfor alt, jeg hadde nye sko for første gang – til og med lakksko! Dette var første dagen jeg var som de andre jentene i Trysil, derfor ble konfirmasjonsdagen et minne som har fulgt meg hele livet.

Nå var Gunnhild klar for mer ansvar og større plikter. Og allerede våren etter konfirmasjonen, i april, var hun på vei gjennom Brunnsdalen og videre vestover fjellet sammen med søskenbarnet Hilda, som hun var jevngammel med. De hadde tatt seg tjeneste på ødemarksgarden Sendsjøvika, som lå avsides og isolert langt inne i fjellheimen. Jentene var tidlig ute denne aprilmorgen, de måtte utnytte skaren på Engersjøen før de bega seg vestover lia og inn på fjellet. De bar hver sin bylt i handa, og Gunnhild var stolt over at klesplaggene hun hadde med seg var ting hun hadde tjent for hos de snille menneskene under Trysilfjellet.

Nå var Gunnhild spent på hva slags folk hun kom til. Hun visste bare at garden lå som en taus liten verden for seg selv, der mesteparten av livnæringen ble hentet fra skog, fjell og sjø. I riktig gamle dager bodde det 21 mennesker på Sendsjøvika, men nå var det gamlemor og gamlefar, to litt eldre ungkarer og en enkemann med tre barn i alderen tre til sju år som levde sitt ensformige liv her.

I timevis stampet Gunnhild og Hilda seg fram over fjellet. Skaren bar ikke lenger, og for hvert steg sokk beina igjennom. Klærne ble våte og tunge. Men endelig sto jentene frampå høgda og så ned mot Sendsjøvika for første gang. Gunnhild syntes at det var en huldreheim som lå i skråningen opp fra Sendsjøen, med blåsvarte fjell bakom og med snøfylte revner og skar. Mange gamle tømmerhus i en klynge, hulter til bulter, grånet opp mot henne med et slør av sagatid over seg. Det virket som om tiden hadde stått stille lenge her, og Gunnhild syntes alt så ubebodd og forlatt ut. Men noen gråhvite striper av røyk steg opp fra murpipa og bekreftet at livet på Sendsjøvika gikk sin vante gang.

Han som bygde her het Tollef, en mann som ikke ville leve en dag uten gløtt av fjell og sjø. Tollef hadde bodd lenger framme i dalen før, men hadde solgt eiendommen der og flyttet inn til de øde trakter mot vest. Han var også bjørnejeger, en av de få som virkelig kom i slåsskamp med bamsen. Det skjedde ikke langt fra Sendsjøvika.

Tollef hadde skadeskutt bjørnen, men han rakk ikke å la om igjen børsa før bamsen kom brasende imot ham. Bamsen slo Tollef rett i bakken og bet ham så blodet fløt. Tollef var sikker på at nå så han

---

Bjønndans i Trysilskogen, en tradisjon som ennå lever i grensetraktene. Når bamsen var felt, danset bjørnejegerne på alle fire i marka og sang:

– Der østapå Østerfjellet,
der fall i Flå,
der skjøt'n gamle bessfar en bjønn.
Fall i Flå, fall i Flå.
Døm snudde'n og bar'n hematt,
og så vart det bjønnsodd.
Og etterpå så danse døm så,
tari-tarei, tari-tarei!

Gunnhild har moret seg med å bruke den gamle trallen når hun har ruslet i bjørnetraktene gjennom skog og mark.

ikke Sendsjøvika og sine kjære mer, nå hadde han fått dødsslaget. Men han kjente bamsefars vaner og ville ikke la siste håpet være uprøvd.

Tollef la seg langflat på bakken, lukket øynene og lot som om han var stein død. Bamsen rugget kortpustet omkring ham et par ganger, men så ble den roligere og la seg tett inn på Tollef. Bamsen lå som en vaktmann over byttet sitt i villmarka, mens Tollef fra Sendsjøvika ikke rørte så mye som en finger en gang. Tollef syntes at hvert sekund var en evighet, og han var livredd for at bamsen skulle høre hjerteslagene som dunket kraftig i bringa og pusten som han prøvde å dempe ved å åpne munnen. Nå hadde han bruk for de gamle bjørnejegernes sindighet og fatning – å miste konsentrasjonen og beherskelsen nå, var jevngodt med døden.

Da skjedde akkurat det Tollef håpet på: Bjørnen ble lei «vaktmesterjobben» sin, den reiste seg plutselig opp og labbet bedagelig og uinteressert inn i marka igjen. Tollef gløttet på øynene. Da så han den pelsraggete sengekameraten sin forsvinne mellom furukraggene under fjellbandet. Og Tollef begynte den tunge veien hjem til Sendsjøvika. Han krekte seg på alle fire, slepte seg fram, i fløtt etter fløtt. Det rant blod fra sårene, kreftene minket og han mistet trua på at han kom til å overleve. Men livsviljen ga ny styrke. Og med store smerter slet han seg hjem til Sendsjøvika. Han frisknet til og ble sterk kar igjen etter den blodige villmarkskampen.

Resten av livet gikk Tollef Sendsjøvika med stygge arr i ansiktet etter bamselabben.

– Det var som å stige attover i tida å komme til Sendsjøvika. Liv og forhold var avlegs og annerledes her enn det jeg var vant til. Alt sto på en måte stille, hver dag kom og gikk uten forandringer. Ingen pratet om tid og klokke, ingen hadde hastverk, det vi skulle gjøre, fikk vi bare bruke den tida på som vi trengte.

Sendsjøvika var etter forholdene en velstandsgard, med 18 – 19 kuer i fjøset, mange sauer og geiter, tre hester, flere katter og – ja, også sju haner og ei høne! Jeg syntes det var i stil med mye annet på den gamle garden, at høna var så tilårskommen og lite aktiv, at den trivdes best med å ligge på ryggen på fjøsgolvet. Jeg dro litt på smilebåndet over det, for sjøl om jeg aldri kom inn igjen fra fjøset før midnatt, lå folket på Sendsjøvika på krakker og benker på kjøkkenet og ventet på kveldsmaten. Det var også min jobb å sørge for mat på bordet. Gamlemor, stakkar, var nokså avkreftet nå etter et langt arbeidsliv på den enstaka fjellgarden. Men hun kom seg opp fra senga, tvekroket og mest i søvne, for å spise kveldsmaten sammen med oss. Vi gikk aldri til sengs før ved ett-tida om natta, og grytidlig neste morgen var det på'n igjen med fjøsstell og matlagning.

Karene på Sendsjøvika var drevne fiskere. De hadde sjøen kloss inntil eiendommen, og helt fra Tollef bjørnejegers brukstid var det rodd inn store fiskemengder til naustet. Det ble dratt not fra båt og satt ut garn i sjøen. I husholdningen på Sendsjøvika ble det brukt mer fisk enn kjøtt, og rakfisk ble lagt ned i store tredunker. Ellers hørte grøt, stomp, flatbrød og klubb i mjølk- og mysmersuppe til det daglige kostholdet. Storgjedda ble delt i to langs beinet og hengt til tørk på stabburet. Der hang tørket gjedde fra det ene året til det andre. Enda var det ikke langt imellom at gardsfolket gikk på stabburet med teljekniven og skar biter av gjedda. Alle gikk og knusket og togg tørrgjedde mens de jobbet.

– Jeg var med på absolutt alt slags arbeid som måtte gjøres på fjellgarden Sendsjøvika, både kar- og kvinnfolkarbeid. Jeg var ennå ikke fylt 16 år, så det kom godt med at jeg ikke var bortskjemt hjemmefra. Når høyet skulle hentes fra løa i nordenden av Sendsjøen, salte jeg gammelmerra og kjørte med langslede. Jeg stolte mer på merra enn meg sjøl, for jeg visste at den kjente veien. I låven på Sendsjøvika fantes det knapt et strå igjen den våren. Og når vårknipa slo til, var det ingen annen utvei enn hardhjertet sparsommelighet. Ingen ting måtte gå til spille. I løa nord ved sjøen brøt jeg opp golvkavlene og sopte med meg høyrusk og frø. I stallen fant jeg hestemøkk, den kokte jeg sammen med rusket og frøet og ga krøttera. Hestmøkklåg, kalte vi det. Litt salt kom oppi, og lågen var et viktig tilskudd når krybba var tom. Våren kom sent i denne innestengte dalen, det tok lang tid før barflekkene kom fram og varslet grotid og grønnsvær.

En vårnatt våknet folket på Sendsjøvika av et voldsomt spetakkel i sauefjøset. Det ramlet og smalt i planker, sauene brekte og bar seg. Gunnhild og Hilda ilte til fjøset, og et bedrøvelig syn møtte dem. Binggolvet hadde gått i filler, og mange av lammene lå i møkkakjelleren og kavet hjelpeløse. Men Gunnhild og Hilda var klar til innsats, og med mye besvær fikk de fisket lammene opp fra elendigheten. Dermed var verdifulle liv reddet. Gunnhild og Hilda fikk tak i noen trelemmer og la over de stygge hullene i sauebingen. Ingen tilbød seg å hjelpe, dette var tydeligvis kvinnfolkarbeid på den garden. Deretter tok jentene varmt vann i baljer og renvasket de forkomne lammeungene i grønnsåpe.

Gamlefar på Sendsjøvika visste å verdsette arbeidet Gunnhild og Hilda gjorde. Før han krøp til sengs igjen den uronatta, sa han, at «detta skal dere få hver deres lam for til høsten.»

– Men løfter er ofte som vinden. Også på Sendsjøvika var det slik i den tida. Lammene ble slaktet om høsten, men verken Hilda eller jeg fikk det vi var lovet. Vi undret oss over det, det hadde vært en oppmuntring i hverdagsståket. Men morgenen etter lammeslaktingen kom jeg til å undre meg enda mer. Da jeg kom til fjøset, lå det peneste værlammet, som var avsatt til avlen, stivt og dødt i sauebingen. Jeg tenkte mitt da – jeg tok det for at rettferdigheten hadde vært frampå. Går sakene skjevt, er det alltid en som ordner opp i det.

Hilda syntes at livet på ødemarksgarden ved Sendsjøen ble i strieste laget. Etter to – tre måneder gikk hun over fjellet og hjem igjen. Men Gunnhild orket ikke å slå følge. Hun hadde ikke samvittighet til å overlate menneskene og dyra på Sendsjøvika til uvissheten. Hun syntes synd på gamlemor som ikke lenger klarte det daglige stellet. Alt var avhengig av hjelp og omtanke. Og gamlefar sto med gullklokka i handa og bønnfalt Gunnhild om å bli. – Gullklokka skal bli di, om du hjelper oss, sa han fortvilet.

– Det var ikke gullklokka, men gulljenta mi, Kari på tre år, som var det avgjørende. For min egen samvittighets skyld orket jeg ikke å forlate henne. Vi var blitt bestevenner. Kari hang i hælene på meg støtt og dro meg i skjørtet. Hun ville følge meg over alt, til og med i fjøset måtte hun få bli med. Der lå hun på en krakk og sov mens jeg gjorde fjøsstellet. I grunnen hadde jeg ikke noe valg, jeg kunne ikke reise fra veslejenta og Sendsjøvika, jeg fikk bare hive meg ut i det og bli så lenge jeg var i stand til. Her var det bruk for meg, og da måtte jeg ikke svikte eller skuffe.

Gunnhild var alene om alt kvinnfolkarbeid på Sendsjøvika nå. Hver time var hun travelt opptatt. Likevel rådet det en merkelig stillhet på garden, både inne og ute. Folket der gikk lavmælte mellom hverandre, hver puslet med sitt. Når en stol ble flyttet på eller en tallerken vasket opp, merket en det. Når stueklokka slo, var det som slagene understreket roen. Lyder fra båten og åretak ute på sjøen, eller en kubjelle i skogen, var mange ganger kjærkomne avbrekk. Men med sommeren fulgte mer liv i dalen, – krøtterflokker streifet omkring, en og annen fremmedkar kom slentrende sørfra med fiskestanga, og gardens kunstbegavede sønn, pianisten Tollef Sendsjøviken, kom hjem fra Kristiania. Han var et spennende innslag fra byliv og en mangfoldigere verden. Fornem og tilknappet, men med interesse og vennlighet, oppsøkte han hver sommer sitt barndomsmiljø. Stram som en befalingsmann gikk han mellom de gamle tømmerhusene, iført stilige klær, med stråhatt og bånd av silkestoff, og han snakket et aristokratisk språk. Han satt ofte og øvde seg ved pianoet, og hver sommer ga han en konsert for sine nærmeste. Den sommerkonserten var årets store begivenhet i fjelldalen hvor tiden hadde satt bremsene på og utviklingen hadde tatt en pust i bakken.

Ungjenta Gunnhild ventet også på en annen sommerbegivenhet – den store jaktfesten «oppå lia», på fjellbruket Nordgards, der Hilda var fra. Det var langt til Nordgards, – først måtte Gunnhild gå langs Sendsjøen og videre ned til Eidet og Stengrundet, der tok veien opp til Nordgards.

Gunnhild gikk gjennom gamle bjørnetrakter nå, i et landskap med en djup dalrevne mellom høye åser. Og langt nede i det mørke søkket mól og skvaldret elva i friske stryk og styrtninger. I nærheten av Eidet, en storgard med tradisjoner, kom hun i tanker om Hans-Jo som hade bodd på denne garden. Han var en ung, uredd mann, men livet hadde vært hardhendt mot ham. Historien forteller at han mistet kona og to barn samtidig – hvordan det skjedde, er det ingen som vet. Men han giftet seg på nytt, fikk en sønn, og hentet ny styrke fra ekteskapet og kjærligheten til skog og mark. Det gikk gjetord om hans evner som jeger. Og når bamsen streifet i traktene, var det ikke lenge før Hans-Jo var i marka.

Men bjørnejakten ble hans triste bane. Sammen med to jaktkamerater var han ute i terrenget for å få has på en skadeskutt bjørn. Hans-Jo var alene da han møtte bamsen som gikk til angrep på ham. Nesten livløs ble han funnet av jaktkameratene som ville prøve å få ham hjem til Eidet. Det var en dryg og smertefull ferd, over høyder og ned gjennom kløfter og juv.

Da karene kom fram på lia, så de rett ned på hjemmet til Hans-Jo. Det var nesten ikke mer liv i ham, men han var klar over hva de så herfra. Og da sa han til jaktkameratene sine: – Nå ser jeg hematt, men dit kjem je itte i live . . . Og slik gikk det.

Han døde like etterpå, litt lenger nede i lia. Bjørnejegeren Hans-Jo fra Eidet var bare 29 år da.

Da Gunnhild kom til Nordgards, hadde unge veidemenn fra Flendalen, Heggeriset, Hylleråsen og Engerneset allerede vært i skogen og langs fjellsidene og hentet fangst. Det var de unge jegernes jobb å sørge for vilt til jaktfesten. Tidlig om morgenen var de dratt ut i marka, en flokk staute karer fra «dalene i øst», og enkeltvis og i følge kom de tilbake til Nordgards med ryper, harer og storfugl. Alt ble lagt i en haug på gardsplassen, der sto en diger gryte med kokende vann i. Nå var det jentenes tur til å forberede måltidet. Utover ettermiddagen møttes friske, festglade jenter fra gardene nede i bygda og fra setrene oppe ved fjellet. Jentene satt i en klynge og ribbet fugl så fjærene føk utover tunet. Imens spankulerte de brave jegere mellom jentene, ertelystne og fulle av spøk, og vekket stemningen til festen. Det var glød og glede i blikkene.

Etter som viltet var gjort rent, ble det lagt opp i gryta og fyrt godt opp under. Ryper, harer og storfugl ble kokt sammen. Det var en egen tone over Nordgardstunet nå, – ildtungene slikket gryta og dampen bredte seg til velbehag for jegere og jenter. Naturen omkring hadde fjellbygdsommerens beste drakt på.

Da kjøttet var kokt, laget jentene saus av kraften. Poteter var kokt, brød skåret opp og porsjoner ble lagt på tallerknene. Den store jaktfesten var i gang.

– Vi satt ute og spiste lenge. Alle fyltes av liv og moro. Alle var kjente, men mange hadde ikke sett hverandre på lenge. Det var mye å snakke om og mange hemmeligheter å bytte med den fortrolige.

Gjensynsgleda var tydelig, vennskapsbandene ble styrket og danselysten steg. Jota-kara og Holmseth-kara var på plass – det var dyktige spillemenn som fikk skikkelig fart i masurkaen og reinlenderen.

I timevis gikk dansen utover sommernatta. Mange holdt på til sola stakk opp og strødde glans over grensefjellene, andre av festfolket gikk slitne og la seg i låver og løer og sov der til langt utpå neste dag. Men ansvar og plikter kalte på Gunnhild, klokka to var jaktfesten over for henne. Alene gikk hun den lange, øde veien tilbake over fjellet igjen, på dansetrøtte bein, i den lyse sommernatta. Hun var framme til mjølketid og morgenstell. Slitsomt var det, men Gunnhild syntes det var verdt strabasene.

Julen nærmet seg på Sendsjøvika.

Gunnhild hadde ment å gjøre det litt ekstra hyggelig da, først og fremst for barnas skyld. Men ingen snakket om at det snart var jul, ingen forberedelser var i gang, ingen gledet seg. Og Gunnhild fikk seg ikke til å si noe. Ingen rengjøring ble gjort, ikke en eneste kake ble bakt. Julekvelden kom og var akkurat som de andre kveldene. Dagliglivet gikk i samme ensformige rute. Julefeiring hørte ikke til på Sendsjøvika.

Men Gunnhild prøvde å skape litt stemning for seg selv. Det fikk hun best til i fjøset. Der gikk hun fra bås til bås, ga hver ku en ekstra god-klapp og mumlet noe om, at «nå er det jul att.»

Gunnhild stanset på turen inn igjen og sto en stund i veistoppa mellom fjøset og kjøkkentrappa. Garden lå så vakker framfor henne, med snødyner over takene. Gunnhild syntes at husene lutet seg trette og tillitsfulle mot hverandre, de var likesom falt i djup søvn nå. Kong Vinter hadde nettopp lagt nye snøduker på marka og jordene, og fjellrekkene vestafor dormet i det mørke nattesløret sitt. Det var fred overalt, med en disig himmel over, der hun såvidt skimtet stjernene. En og annen snøfille dalte fra høydene, de landet mjukt på Sendsjøvika.

Gunnhild satt lenge oppe for seg selv denne julenatta. I et dårlig lys fra parafinlampen levde hun opp igjen glimt fra barndommens jul hjemme på Nordli. Midt i armodsligheten der fantes det da en smule glede. Gunnhild ville ikke tenke så mye på den evindelige gamle kjolen, «gjengangeren» fra hennes første år, som hun gikk og småsubbet i. Eventyret på julekvelden var å finne en rosin i mjølkevellingen eller beundre de små smørformene mor Marthe laget til hver av ungene. Etterpå laget ungene konkurranse om hvem som klarte å ha smørformen sin lengst framover i juledagene.

– Men det jeg tenkte mest på den julenatta jeg våket alene på Sendsjøvika, var en lang tur jeg slet på ski for å komme hjem til Nordli til jul en gang. Jeg var elleve år da, og jeg var sendt bort for at det skulle bli en munn mindre å mette på Nordli. Men hjem ville jeg, samme hvor fattigslig alt var. Og i den tynne Sidsel-Sidserk-kjolen min, og uten en lue på hodet, ga jeg meg i vei. Det lå frostrøyk i dalen,

---

Bjørnejakt ved Sendsjøvika høsten 1963. Slagbjørnen er nylig skutt i vestlia ved sjøen og fraktet ned til den gamle garden som bjørnejegeren Tollef Sendsjøvika bygde i sin tid. Mannen med hunden, John P. Eidet, lever i dag på Trysilgarden der den kjente bjørnejegeren Hans-Jo bodde.

gradestokken viste minus 20. Jeg hadde tre mil å gå på et par uvante, skjeve ski som jeg ikke fikk til å gli ordentlig. Det varte ikke lenge før jeg frøs fryktelig på beina. Det var ikke merkelig – skoene mine var så små at jeg hadde tatt saksa og klippet bort mesteparten av strømpelesten. Enda var det bare såvidt jeg kunne sprenge føttene ned i skoene. Men jeg staka meg da framover og strevde med å få skikkelig fart. Frosten bet i tærne, og jeg prøvde å gni litt varme i kroppen. Men det var til liten nytte.

Da hørte jeg plutselig dombjeller og hestetråkk bak meg. En mann med ulveskinnspels i en sluffe stanset ved sida av meg. Jeg kjente ham med det samme – Olaf Nordvik, en snill og hjelpsom trysling. – Kom oppi her, du, sa han, så får du sitte på så langt jeg kjører.

Han tok skiene mine opp i sluffa. Jeg satte meg ved sida hans og krøp så tett inn i ulveskinnspelsen som jeg kunne. Så la han høyrearmen omkring meg, og sjelden hadde jeg kjent mer varme enn da.

Omtrent halvveis var han framme. – Je har ittnå å betala med, sa jeg og fikk tårer i øynene. Han bare smilte godslig, klappet meg på aksla og ønsket meg god tur «hematt åt jul».

Jeg var oppvarmet og ledig i kroppen nå og grudde meg ingenting til den halvannen mila som gjensto. Hvert stavtak smalt som et skudd i bakken. Og følgesvennen småspurven flakset forstyrret opp fra hestelorten, uvitende om at det var julaften. – Kroken, tenkte jeg, det er mager julekost du får i Trysil.

Ved sjøenden begynte det å skumre. Men det gjorde meg ikke noe – nå var jeg på kjente trakter. Fra en og annen stue begynte det å sive ut et rødaktig skjær ettersom lampene ble tent. Røyk hvirvlet opp fra svarte murpiper, og innimellom så jeg stutte kjerringer som skrittet ut med beina helt ut til skjørtekanten, de kom fra bua med brett i handa. Småunger var i gang med å bære inn ved. Over Skagsvola og Harrbekklia begynte noen få stjerneknøtt å tindre. Jeg tenkte på dem jeg kjente i stuene bortover, nå var de i travel sving med de siste juleforberedelsene – Bertil og Inger på Stengrundet, Ola og Martha på Nergård, Mina og Torgal på Bratli, og Per, Kaspar og Halfdan på Jota. Herregud, så godt det gjorde å tenke på dem!

Ved Rundegga fikk jeg første glimtet av Nordli. Nå var det ikke langt igjen, bare noen kjappe stavtak, og så kunne jeg ta av oppover skråningen. Pusten og hjertet nesten kappløp de siste meterne. Og heldigvis, juletreet sto ennå synnafor veggen – hjemme ville de nok vente med pyntingen til jeg kom og fikk være med og henge på papirstasen vi sjølve hadde klipt og satt sammen.

Den første jeg så var 'n far. Det var han jeg først ville se også. Nå var alt som det skulle være . . .

Gunnhild var litt øm om hjertet der hun satt alene på Sendsjøvika om julenatta. Det var ikke bare minnene fra julen på Nordli som gjorde det, hun tenkte også på gudfryktige Anne på Jørngarden langt inne mot Femundsmarka. Gunnhild hadde hørt, at den gamle konen hver julenatt sørget for at det brant på peisen. Det siste Anne foretok seg før hun gikk til sengs, var en tur til skålen for å fylle vedkurven rikelig med brensel. Lunt og lyst skulle det være på ødemarksgarden gjennom hele julenatta, mente Anne. Ingen visste, det kunne jo hende at selveste jomfru Maria kom innom for å linde Jesusbarnet . . .

Før Gunnhild sovnet langt utpå julenatta, bestemte hun seg for en ting: Hvis husbondsfolket på Sendsjøvika ikke nevnte et ord om litt julefeiring, ville hun finne på et eller annet selv – uten å spørre om lov.

Og annen nyttårsdag ble det feiret jul på Sendsjøvika. Husbondsfolket hadde ingen ting sagt, men Gunnhild tok seg til rette. Hun fant et lite juletre oppe i skogbrynet og pyntet det med papir. Rene gardiner hengte hun opp, og fra stabburet hentet hun inn kjøtt, flatbrød og lefse. Hun skar kjøttet opp i biter og kokte en slags gryterett av det. Og da alt var klart ved langbordet, benket både stor og liten seg rundt det. Alle hadde tatt penklærne på. Det var en uventet høytid i stua nå – julen var forsinket, men den kom godt til Sendsjøvika likevel. Gunnhild syntes det var en ekstra glans i øynene på dem som så på henne. Mest hos gamlefar og vesle Kari.

Alt lovet godt for nyåret.

Men nyåret kom med for kravfulle oppgaver for Gunnhild. Arbeidet på den tungdrevne garden ved Sendsjøen begynte å bli i hardeste laget for en jente som ikke var fylt sytten ennå. Hun kjente seg ikke sterk lenger og hadde ikke overskudd til alt som ble forlangt av henne. Men Gunnhild hadde vanskelig for å bryte opp. Samvittigheten ville plage henne om hun gikk sin vei og overlot mennesker og dyr i ensomheten. Og så var det vesle Kari, da – det kom til å bli fryktelig sårt å skilles fra henne. Gunnhild hadde til og med vært inne på om hun kunne ta vesle Kari med seg fra Sendsjøvika. Men det var ingen god løsning. For det første tilhørte hun folket her, dernest hadde Gunnhild ikke noe å leve av annet enn å tjene hos andre. Og hvem ville ha en tjenestejente som hadde en tre-åring med seg?

– Jeg visste ikke min arme råd. Men så hendte det noe som avgjorde spørsmålet for meg. En morgen våknet jeg i ørska ved sørpepanna i fjøset. Jeg lå kloss inntil den åpne peisen. Kvelden før hadde jeg, overtrett og gjennomsliten, bøyd meg ned der for å legge mer ved på ilden. Så hadde jeg segnet om, utmattet som jeg var – og sovnet. Jeg forsto nå hvor nær jeg hadde vært en tragedie – natta i fjøset kunne ha blitt min siste. Det fantes ingen ovnsring i peisen som tok imot for glørne, så det hadde vært lett å ta fyr i klærne mine. Men i dette øyeblikket så jeg tydelig min situasjon og innrømmet alvoret i den. Jeg hadde også et ansvar overfor meg sjøl. Og ved sørpepanna i fjøset den morgenen bestemte jeg meg for å ta farvel med Sendsjøvika.

Avskjeden var vanskelig, Gunnhild har ennå ikke glemt den dagen. Stillheten var enda mer merkbar enn ellers. Vesle Kari forsto at Gunnhild mente å flytte fra dem nå og var helt utrøstelig. Hun rykket og slet i Gunnhild, og hoppet overspent rundt henne. Men nå var det ingen vei forbi.

Gunnhild fulgte veistoppa nedover skråningen og videre sørover sjøen. Hun orket ikke å snu seg og se mot de gamle husene, eller vinke oppover mot dem. For hun hørte vesle Kari gråt og ropte navnet hennes, og det skar Gunnhild like inn til hjerterøttene. I et øyeblikks fortvilelse var hun på nære nippet til å vende om og gå tilbake igjen. Men det vokste et trass i henne, hun grep fastere i klesbylten hun bar i handa, og begynte å ta raskere skritt i den smale veistoppa, der snøen var begynt å bråne i vårsola.

Klesbylten var tyngre nå enn den dagen Gunnhild kom over fjellet til Sendsjøvika. Hun hadde tjent til nye, gode klær. Men det lå ingen gullklokke og tikket i bylten hennes . . .

Det gikk ikke lenge før Gunnhild var i ny tjeneste igjen. Og i årene som fulgte, skiftet hun mellom garder som lå spredt i grensebygda. Hun var tjenestejente og seterbudeie, ofte på garder som lå avsides til og på setrer der tradisjonene ennå ble holdt i hevd. På noen plasser kjente hun seg bare som en arbeidsmaskin, på andre steder møtte hun vennlighet og respekt og fikk være som en av familien. Erfaringene fra barndommen på Nordli og tiden på Sendsjøvika kom godt med. For Gunnhilds arbeidsdag var mange ganger mer kravfylt enn den burde, — hun måtte være med på vedhogst og våronn, på utmarksslåtter i fjellet, ta løv i liene, hente moselass og dra høy på slede, ofte på dårlig vinterføre. Og hun måtte prøve seg som «dyrlege», når livet ikke gikk som det skulle i et Trysil-fjøs. Hun kunne aldri stå i bet — slik var det også når en bukse trengte en bot og en sko trengte en lærlapp. På Nordli hadde Gunnhild sett omgangsskomakeren Petter Næs plugge sko og sy på lapper med grisebust og bektråd. Nå kom det godt med at hun hadde stått nysgjerrig ved skomakerbrettet og lært seg noen knep der.

Men fortjenesten var skral. Gunnhild hadde 50 kroner om måneden, men hun følte at hun også burde dele litt av lønnen med dem hjemme på Nordli. Særlig hadde hun vondt av dem når vårknipa satte inn – da sendte Gunnhild bestandig noen kroner til fôrkjøp.

Men dagene var så langt fra bare slit og mas for Gunnhild. Lørdagskveldene med dans på lokalet var en kjærkommen avveksling. Da kom penkjolen på, og det var viktig med mange «bølger» i håret. Vinterfesten på lokalet i Jordet var et lyspunkt. Dit skulle all ungdommen i grenda, for der spilte Holmseth-musikken, og det var karer med ord på seg for å mestre fela og dragspellet. De kunne kunsten å vekke danselysten i skogbygda.

På denne vinterfesten sto det en tilbakeholden, pen unggutt ved lokalveggen og så blygt omkring seg. Han hadde brun «salt-og-pepper-dress» og en lodden, krøllete lue på hodet. Gunnhild syntes at han skilte seg ut fra den andre ungdommen – han virket mer stillferdig og innadvendt. Det likte Gunnhild – og hun følte noe hemmelighetsfullt og spennende ved ham, som gjorde henne nysgjerrig. Hun kikket på gutten så ofte og lenge hun turde, og hun merket seg, med en slags gryende kribling, at han også så på henne. Og da Holmseth-musikken spilte opp en sakte vals, skjedde det – gutten kom og bød henne opp!

– Jeg var klar over, at denne valsen kom ikke til å bli vår siste. Det var også riktig at vår første dans var en stille vals, for da kom denne merkelige tryggheten fram i ham, og den var noe spesielt i hans vesen.

Den sakte valsen i lokalet på Jordet ble starten på et samliv som ikke bare kom til å bli en dans på roser for Gunnhild og Lemmek Vestad. Gunnhild var 22 år, han fire år eldre, den sommeren de giftet seg i Trysil hovedkirke. Hun hadde slør og myrtekrans i håret. De flyttet til Vestad, som var Lemmeks barndomshjem. Stua var lita, bare to rom med tre senger, og det skulle gi plass til sju voksne mennesker — svigerfaren Reinhardt og Sigurd, Halvdan, Johanne og Sofie utenom de to nygifte. Gunnhild forsto snart at dette ville bli vanskelig.

— I september kom første ungen vår — Marry. Så var vi åtte på Vestad. Marry lå i senga mellom Lemmek og meg, men der alt er trangt fra før, blir også et lite kryp for stort. Jeg syntes det var håpløst, og jeg grudde meg til hver ny dag. Men jeg måtte bare innse forholdene og gjøre det beste ut av det. Lemmek og jeg var jo to unge mennesker som var glad i hverandre, og ingen av oss var bortskjemt. Men da det var klart at jeg skulle ha et barn igjen, orket jeg ikke mer. Jeg tok Marry med meg og reiste hjem til Nordli. I mellomtida skulle Lemmek prøve å finne et krypinn til oss. Han skaffet et rom i andre etasjen hos noen snille mennesker i Nysetra. Men drømmen var at vi ville prøve å få noe for oss sjøl.

Den drømmen gikk i oppfyllelse. Men før det kom så langt, var det mye å stri med i Trysilskogen. Gunnhild og Lemmek fikk kjøpt en jordflekk i svarteste skogen, i ødemarka ved Slettås. Det hadde vært myrslått der før, og det var ikke langt mellom kaldkjeldene.

– Dette var rene villmarka, men vi visste hva vi gikk til. Vi var begge klar over at vi startet en kamp som krevde absolutt alt av oss. Det var vi villige til å gi, for det var det samme hvor mørkt alt kunne te seg, så var det et lyspunkt og et mål, at nå slet vi for oss sjøl. Nå var marka vår.

Vi kalte tomta vår Vangen. Men det var drygt mellom Nysetra og Vangen, og skulle vi få gjort noe på tomta, måtte vi finne tak over hodet i nærheten. Ved Slettdammen, der åa går, lå ei gammel ljørkoie med årested midt på golvet og et hull i taket. Dambua kalte vi koia i daglig tale, og det var fløterne som brukte den om våren.

Lemmek og jeg flyttet nå fra Nysetra og bodde i ljørkoia den første tida. Søskenbarnet til Lemmek tok seg av Marry, men jeg var allerede seks–sju måneder på vei igjen. Jeg kjente ofte at den nye ungen sparket i magen om nettene, når jeg lå på den harde brisken i ljørkoia. Vi hadde ikke ei klesfille å ligge på, bare ei lita trase under hodet. Men jeg gledet meg likevel over hvert spark – krypet ville nok minne oss om at nå fikk vi værsågod skynde oss å tømre opp stua på Vangen!

En dag kom en gammel mann gående gjennom skogen. Han kom bent fram til ljørkoia, der lå Gunnhild og hvilte. Hun kjente den gamle – det var Johan Sletta, som hun hadde tjent hos noen år før. Over aksla hadde han slengt en dyne som var fylt med oppklipte filler.

– Den skal du ha, Gunnhild, sa den gamle – den skal du ligge på i Dambua. Du har det hardt nok som det er nå.

Gunnhild kjempet for å holde gråten tilbake. Dette var noe hun aldri kunne ha drømt om. Han forsto hennes forundring og takknemlighet, og det var en «gavedag» for dem begge.

– Vi hogg tømmer og kvistet nå. Vi var tidlig ute hver morgen, arbeidsøkta var lang. Kanskje i lengste laget, for det hendte at jeg måtte stå og støtte meg mot furustammer innimellom for å samle nye krefter. Det var også min jobb å bruke barkespaden, og det luktet herlig av nyflekket bark og kvae i skogholtet. Jeg hogg også opp det overflødige fra fellinga og la det i vedreis – det ville komme godt med på Vangen, når kulda satte inn i Trysilskogen.

Den 28. august fikk Marry en søster – Ragnhild kom til verden. Gunnhild hadde flyttet opp til Nysetra igjen før den store begivenheten. I mens var Lemmek og Ole Svingen i travel virksomhet med å få reist stua på Vangen – en stue på seks ganger seks meter, med to rom i. Den 23. november, samme dagen som Lemmek fylte år, var det klart for innflytting.

– Lemmek lånte merra og en slae på Vestad. Skogen sto kvit av snø, og vi hadde fint føre. Det var et uryddig og uvanlig flyttelass vi dro ut med fra Nysetra den dagen. Vi eide ikke så mye, bare et bord, noen stoler og litt klær. Vi tullet inn Marry og den nyfødte jenta og fikk dem anbrakt på lasset mellom skrotsakene våre. Ja, og så hadde vi «Gnistra», da – ei svart og kvit geit med horn. Geita hadde jeg fått da jeg tjente på Skjærholla-garden langt øst mot svenskegrensa. «Gnistra» hadde også fått killing, «Mistra» kalte vi den, og jeg var så veldig glad i disse «trolla». Sjølsagt skulle «Gnistra» og «Mistra» også oppå lasset, sammen med Marry og Ragnhild, og jeg pakket dem godt inn i golfjakka mi.

Det humpet nokså mye nedover den ruglete veien. Ungebyltene og geitene ble slengt hit og dit mellom bordbein og stoler ettersom slaen vippet og vogget over stokk og stein. Litt tateraktig og fattigslig så det visst ut, men jeg opplevde det ikke slik. Jeg hadde aldri sett et triveligere lass gjennom skogen i Trysil. Og det var nesten så jeg fikk inntrykk av at Vestadmerra prøvde å sette beina forsiktere enn ellers i den ujevne veien. I hvert fall var jeg sikker på, at aldri hadde jeg sett gubben min mer lettføttes enn nå.

Det steg ingen røyk opp fra pipa på Vangen da Gunnhild og Lemmek kom med flyttelasset. Men de grudde ikke for å gå inn, – Lemmek hadde vært der dagen før og fyrt opp for at det skulle være lunt i stua når de kom.

Den vesle «stuggukula» lå ensom i skogbrynet, med utsikt sørover mot Tøråsen og vestover mot Hågåkjølen og Nyseteråsen. Alt virket ensomt. Det var nesten som om Isak Sellanrå var ute i marka en snartur og kunne komme tilbake til nybyggerhjemmet når som helst.

– Lemmek og jeg kjente fra første stund vi kom, at her hørte vi til. Dette var *vårt* hjem, denne plassen eide vi. Nå kunne dagene komme så strie de ville, ingen ting skulle knekke oss nå. Vi tenkte ikke tilbake, på tunge løft som verket i ryggen, nå ville vi bare skynde oss inn og begynne et nytt liv.

Vangen ved Slettås, den første stua Gunnhild og Lemmek bygde i Trysilskogen. Mens tomta ble ryddet og huset satt opp, bodde de to i en ljørkoie. Lengst til høyre på bildet Lemmek og Gunnhild med sønnen Jul på armen – i midten mor Marthe Nordli. En slitets saga knytter seg til denne vesle plassen.

I kjøkkenet satte vi senga vår, ei vogge og et bord. I stua sto to pinnestoler vi hadde kjøpt og et par benker og et bord Lemmek hadde snekret i hop. Det var brukt mose å tette med mellom tømmerstokkene under bygginga, og moseslafsene hang ennå i alle veggesprunger. Kvistene i stokkene så ut som trolløyne med hår og skjegg over. Vi bare lo av det. Og det gjorde oss ikke det grann at vi manglet gardiner å henge opp. Lemmek hadde også tenkt på «Gnistra» og «Mistra». Like utafor stueveggen hadde han satt opp et lite gapaskjul med en lem foran. Han måkte snøen tett inntil, det så ut som geitene våre bodde i ei snøhule.

Første kvelden på Vangen ble det sent før Gunnhild og Lemmek la seg. Det var ikke mange tingene de hadde å ordne med, men det var rent bortkastet tid om de ikke skulle tusle litt rundt i eget hus og la trivselen sige inn på seg. Og da de omsider gikk til sengs, lå Gunnhild med åpne øyne og lyttet. Lemmek lå trygg ved siden av henne. Det knitret i ovnen fra vedkabbene hun hadde hogd om høsten. Ungene snuste rolig i nattesøvnen, og det kom noen små dunk iblant fra snøhulen utafor der «Gnistra» og «Mistra» vendte litt på seg.

Verden kunne ikke bli bedre.

Livet på Vangen var kommet skikkelig i gjenge nå. Lemmek drev i tømmerskogen og Gunnhild hadde hendene travelt opptatt med å skaffe det nødvendigste til veie. Hun heklet gardiner til bonden på Sletta-garden og fikk smør for det. Hun strikket gensere og strømper og kjøpte egg og mjølk. Innimellom gjorde hun det triveligere inne i stua, — hun skar bort husmosen fra veggene, laget røre av sand, sement og lim og fuget sprungene for å holde vinterkulda ute. Hver ting hun foretok seg, var en glede. Og den dagen hun fikk råd til å henge opp kappegardiner, hvite med blå render i, og det til og med kom en «Flittig-Lise» og en geranium i vinduskarmen, ja, da visste Gunnhild noe om framgang her i livet.

Jorda på Vangen var vass-sjuk. Og skulle noen ting gro i karrigheten, måtte vannet grøftes bort. Gunnhild var med på det. Og i vårnetter, når Lemmek lå borte på tømmerfløting ved Dambua, drev hun alene med bråtebrenning. Det var en egen stemning i skogen da, — bålene skimret i vårnatta, og røyken drev i skoddegrå flater innover myrdragene mot Hågåkjølen. Luktene fra kvae og brent bar blandet seg sanselig i suset fra marka.

— Vi måtte bryte ny jord i stubbmarka før vi kunne skaffe oss dyr å leve av på Vangen. Og mye stein måtte vekk. Lemmek og jeg brukte stubbebryter da, både til stubbene med djupe røtter og til de store steinene. Og så måtte vi sjølve være hest. Lemmek laget en slae til å dra stein på — han tok to granstokker som var bøyd i en krok frampå, la tverrskier over og festet sjølve draget med kjetting. Lass etter lass dro vi unna — lass etter lass. Den ene steinrøysa ble høyere enn den andre. Og mange ganger tenkte jeg på, at var det sant det gammeltryslingene sa om at unger som veks opp ved steinrøyser blir sterke som bjønner, ja, så kommer det mye sterkt folk fra Vangen!

Det var heller ikke til å unngå, at mens jeg dro stein fra stubbemarka og la opp røys ved røys, gikk jeg med små i magen. I årene ungeflokken vokste og ble til sju — jeg måtte også gjennom fem aborter

– var det slik, at når jeg dro ved på kjelken fra skogen, eller jeg var med på tunge myrslåtter, bar jeg ofte en unge på ryggen og en under bringa. Og når jeg kom hjem til Vangen, ventet det også smårollinger der. Lemmek og jeg ga det vi rådde med og kreftene holdt til. Hver dag noe lyktes, delte vi den gleda. Gikk det på tverke og verda viste oss vrangsida, nevnte vi ikke det.

Ettersom årene kom, var det framgang på Vangen på flere vis. Nye hus kom opp – fjøs, stall og låve. Og Gunnhild drev på det hun kunne. Hun var med på det meste, men leide hjelp til murstøp, reisverk og det tyngste arbeidet. I senere år var hun med og rev ned de gamle husene og utvidet dem eller bygde nye. Vinterfjøset trengte en omgang, men Gunnhild ble mye alene om det, for Lemmek begynte å bli endel sjuk, astmaen plaget ham. En dag kom han likevel stavrende nedover til fjøset og ville hjelpe Gunnhild – han hadde sittet ved vinduet og sett henne bale med stokk og stein og syntes synd på henne. Men Gunnhild sa bestemt nei, hun skulle nok klare brasene. Og da hun fikk overtalt Lemmek og ledsaget ham vel i hus igjen, forsikret hun seg mot gjentakelse ved å ta buksa til gubben og gjemme den for ham!

Seks nye rom laget Gunnhild i stand på Vangen, fylte sagflis for å tette godt til og kledte rommene innvendig med panel. Maling kokte hun selv, og malerkosten mestret Gunnhild like godt som hammeren og tanga. Og så snart hun hadde en ledig stund og det var vær til det, ryddet og brente hun flere mål på Vangen og gjorde alt ferdig for plogen. Den nesteldste datteren, Ragnhild, var en solid medhjelper og «rydningsmann».

Våren og sommeren var en lykkelig tid for Gunnhild. Lenge utover vårkveldene arbeidet hun for å gjøre jorda klar til varmen kom. Lemmek hadde kjøpt en fjording og kjørt møkka i hauger utover jordene før han måtte i fløtinga og bli borte i dagevis. Da overtok Gunnhild tømmene. Og hun trivdes med det. I vårdraget om kveldene, med fjordingen og slåddingen over jordlappene hun hadde vært med å bryte opp, var det som sjel og kropp fornyet seg. Fjordingen var en villig arbeidskamerat, og Gunnhild følte seg sikker i selskap med den. Og når hun så den godlynte arbeidshesten i profil mot Tørregga og Blekufjellet i nordvest, var det rene eventyrstemningen i storskogen. I slike stunder kunne trolig det samme ha skjedd som søsteren Mette opplevde en gang:

– Mette var gjeterjente da. Hun var åtte – ni år og gjette buskapen til Polla og Martin Holmseth på Sandbekklia. Denne dagen kom Mette med dyra i Grundtlia, ikke langt fra buferdsveien opp til Rypåssetra. Det var en grå og trist dag, har Mette fortalt – det duskregnet litt, skodda lå lavt, og både krøtter og gjeterjente var våte. Ved en bekk som gjorde en liten krok på seg, kom ei ku bort til Mette. Hun lente seg mot kua for å få varme og trygghet. Da – og slik har Mette fortalt det: «I sørvestlig retning for meg fikk jeg høre en fin klimpring på instrumenter, det måtte være harpe- og sitterklang. Like etterpå stemte det i en kraftig mannsstemme, så flere og flere, og til slutt bruste et stort kor imot meg. Jeg hørte tydelig hvert ord, det var salmen «Den store hvite flokk å se» som ble sunget. Det kom ikke fra bakken omkring meg, men oppe fra skyene. Og det fortsatte nordover dalen. Noe så himmelsk vakkert hadde jeg aldri hørt. Jeg fulgte etter og sang med. Men litt etter litt ble hele koret dempet ned, og til slutt stilnet alt bort. Da gikk jeg tilbake til dyra mine. Jeg kjente noe lyst og godt inne i meg. Den triste, grå skodda lå fortsatt over dalen, men den gjorde ikke inntrykk på meg lenger.»

Denne hendelsen har Mette ikke fortalt før nå, og nå er hun over sytti. Hun kaller det en hellig stund, og Mette tror ennå at det var skarer fra det høye som sang og spilte for henne i Grundtlia den dagen. Andre har tenkt sitt, uten å si det, at det var i de samme dalene en åkergraver for lenge, lenge tilbake hørte fra himmel og skyer, at «Nu rider Ole Gjermundsen Heggeriset brudgom for anden gang» . . .

Hver vår fulgte Gunnhild med i alt det spennende som foregikk i naturen omkring Vangen. Hun satt på kjøkkentrappa i grytidlige morgentimer i april og mai og opplevde det store vårspillet – paringsleikene som var lidenskapelig i gang på de gamle spilleplassene. I bjørkene buldret og tjoet orrfuglene i solrenningen, blanksvarte og stålblå over halsen og brystet. Gunnhild har alltid hatt mye til overs for dem – hun har satt pris på at orrhøna selv velger sin partner og opplever eventyret bare med den ene. Og hun har fulgt med når mesteren over alle – tiuren – brisket seg i vårlig brunst foran sitt harem. I drivende ekstase satte den i gang leiken, yppet seg og føste med utspilte vinger i morgensolen mot den utvalgte. Ingen «dame» på leiken var dame lenger da, men en lydig elskerinne og et lykkelig offer i livsdansen foran kjøkkentrappa på Vangen. Og så kom de andre småvennene, i flokk og følge, – lerka, bokfingen, fluesnapperen, linerla og svalen. Orkesteret fikk etter hvert full besetning til sommerkonserten ...

– Ja, sommeren ville vi ha inn i stua på Vangen. Den kom også med alle blomstene i skog og mark. Skogstjernene lyste mellom trestammene, gule blomster tindret bortover tuene og jeg syntes det var rene kirkehelga omkring en prestekrage. Jeg plukket litt av dem alle sammen, også smålushatten og eldmørkja, og stakk dem i flasker og satte dem i vinduskarmen. Jeg visste ingen penere pynt i verden. Og når jeg gikk i marka, var jeg alltid redd for å trø på en blomst – sjøl den enkleste blomst er en brikke i det ufattelige skaperverket, minnet jeg meg om.

Jeg moret meg også over å tenke på hvordan de gamle tryslingene brukte planter i hverdag og overtro. Den som bar med seg litt grønt av kråkefamilien, gikk seg aldri vill. Den som hadde dyr med kolikk, fant krekling og ga dem, og den gule perikumsplanten var rene vidundermedisinen og hjalp mot både gikt og hekseskudd, lungevondt og blærebesvær. Gammel-tryslingene hadde også god tru på myrulla – den spådde om framtida for dem. Noen mente at mye myrull var jevngodt med en rik multehøst, andre holdt på at tryslingene ble varslet om en stor snøvinter. Vi var brikker i et stort spill alle sammen – både tryslinger, dyra våre og alt levandes rundt oss hørte i hop. Jeg følte fellesskap og syntes at vi møtte våren med samme pulsslaget.

Men så kunne jeg brått bryte den vidløftige tankegangen og minne meg sjøl om at da jeg var lita, var det noen som kalte meg «Tullknøttet». Da gikk jeg inn og kokte meg kaffe.

Å være selvhjuplen var et førstebud på Vangen. Kravene som hverdag og livsforhold kom med, var det innlysende at en skulle mestre selv. Og Gunnhild prøvde å løse flokene. Ved siden av tungarbeidet ute, på marka og med dyra, var det tusen ting som måtte skjøttes og ordnes opp med for å skaffe mat og klær. Morgen og kveld satt Gunnhild foran den åpne ovnsdøra i Vangen-stua og kardet og spant på rokken. På et år kardet og spant hun over 50 kilo ull til sine og andre. Og skyttelen gikk flittig i vevstolen etterpå – det ble stoff til kjoler, dresser, busseruller og undertøy. Hun håndstrikket ullundertrøyer, sokker, gensere, strømper, votter og skjerf – ja, til og med vinterunderbuksene hans Lemmek satt Gunnhild og strikket for hånd. Og til jul en gang gikk døtrene Marry, Ragnhild, Lilly og Signe og strålte i hver sin nystrikkede kjole. Senere sydde hun kjoler til dem av tøy hun kjøpte for penger hun hadde spart opp ved å ta på seg stell av geiter for andre. Den høstdagen Gunnhild sydde de første fire kjolene til jentene sine, av grønt og svartrutet kjøpetøy, trillet det blanke gledestårer nedover kinnene hennes.

– Men jeg hadde også Lemmek og småkarer som sønnene Jul, Kolbjørn og Alf Ivar å tenke på, de trengte også nye klær. Jeg kardet, spant og vevde stoffet, senere sydde jeg dresser, jakker, bukser og busseruller. Det ble slitesterke saker, men det måtte også til for viltre krabater. Og når vi, bokstavelig talt, gikk skoene av oss på Vangen, måtte vi også finne ei råd for det, – vi var innstilt på å prøve alt. Vi fikk tilberedt og garvet et kuskinn, og det laget Lemmek og jeg sko av. Jeg skar til øverste delen av skoene og sydde lappene sammen – resten gjorde Lemmek. Og vi var litt halvkrye da over at stor og liten på Vangen gikk med hjemmegjorte pluggsko.

Slike gleder hadde Gunnhild mange av. Når en situasjon så håpløs ut, var det von og lys om neste hjørnet. Utrolig oppfinnsom var hun ved rokken, der satt hun i et knipetak og spant garn av ull og hår fra både sau, hare, hund, sølvrev, ku, geit og hest.

– Da Marry var lita, bare såvidt året gammel, var jeg opprådd for stoff til å sy julekjole til henne. Jeg eide ikke en øre å kjøpe noe for. Men så hadde bror til Lemmek, skiløperen Sigurd Vestad, nettopp skutt en hare. Kanskje, tenkte jeg, kan hareulla løse floken. Jo da, jeg klipte ulla av hareskinnet, grått og kvitt, kardet det i «tuller» og tråkket rokkehjulet i gang. Det ble brukbart garn av det, og snart klirret strikkepinnene. Jeg hadde tatt til side litt av den helt kvite ulla for å få pent garn til pyntekanter. «Harakjolen» hennes Marry, den første jeg laget til henne, var både god og varm. Senere strikket jeg både luer og sokker av hareull.

Sølvrevull har jeg brukt mye. Jeg fikk en hel sekk av naboen en gang. Jeg kardet og spant tretrådsgarn, og jeg strikket «sølvrevgensere» av det. Noe av sølvrevulla blandet jeg med vanlig saueull – det ble sterke, varme sokker og vanter av det. En dag kom en småjente med en pose stappet med hundeull og ba meg lage skjørt til henne. Den utfordringen kunne jeg ikke stå for, fram med karder og rokk igjen. Jeg blandet litt saueull i. Og det gikk ikke lenge før jenta hoppet snerten i nytt skjørt, strikket av ull fra hund og sau.

«Byggmester Vestad» i sving med hammeren da Gunnhild var med og bygde aldersbolig til seg og Lemmek. Det er blitt flere hus etter hvert, og selv om hun har hatt hjelp til de tyngste takene, var Gunnhild flittig med under byggingen. Og når et nytt hus sto ferdig, ga hun det bort til andre!

Lemmek snekret en penstol et år. Men han manglet noe å trekke nystolen med. De kronene som skulle til for å kjøpe stoltrekket, fantes ikke på Vangen. Men når Lemmek var kar for å lage penstol til oss, ville ikke jeg være en rådløs kjerringkrok. Jeg la «hue i bløt» og spekulerte på hossen jeg skulle få til et trekk som var både pent og slitesterkt. Løsningen ble «Trulte», hesten vår, og kuene «Drople» og «Rosa». Jeg blandet hestehår og kuhår sammen med saueull, kardet og spant og fikk gang i vevstolen. Noe senere var trekket på stolen – gråbrun sto den og hygget i stua. Lemmek kom gjerne i ekstra godlag når han satt i den stolen.

Men en bitende kald vintermorgen hadde det nær gått galt på Vangen. Lemmek lå på tømmerkjøring nord i Osdalen og hadde vært hjemme i helga. Nå var det mandag igjen og han skulle dra til skogs og bli borte hele uka. Men før han reiste, var han innom fjøset for å si adjø til Gunnhild og eldstejenta på tre og et halvt år. Inne i stua lå minsteungen på halvannet år og sov ennå.

– Da Lemmek slo igjen fjøsdøra etter seg, tenkte han seg ikke om, men av gammel vane satte han kroken på. Det var en solid krok, Lemmek hadde smidd både kroken og hempa. Nesten lamslått oppdaget jeg at vi var stengt inne i fjøset. Her var det nytteløst å rope om hjelp, ingen hørte en stakkar her inne i ensomheten. Og her gikk det dager imellom hver gang et menneske kom forbi. Fortvilet presset jeg skuldra alt jeg orket mot fjøsdøra, men det var som å stange mot en vegg – kroken ga seg ikke. Jeg tenkte med gru på hva som kunne hende den vesle i stua om vesla vaknet og tumlet omkring der inne. Alltid har jeg stolt på en høyere makt, og det ville være rart om jeg ikke fikk krefter nok til å klare fjøsdøra på Vangen. Og neste gang jeg prøvde, med all den kraft jeg kunne samle, spratt kroken opp og friheten demret imot meg.

Da jeg gikk inn mot stua igjen, hørte jeg ennå det singlet svakt i hestebjella hans Lemmek langt nord i skogen.

Da Gunnhild fødte femte barnet sitt, en gutt som ble døpt Jul, begynte en ny kamp for henne. Gutten var mindre enn de andre, og Gunnhild forsto tidlig at alt var ikke som det skulle med ham.

– Gutten skrek natt og dag, et forferdelig skrik, som gikk gjennom marg og bein. Jeg bar ham i armene mine i timevis hver natt. Om dagen måtte jeg ha den vesle hos meg så ofte jeg kunne. Da gutten var 4–5 måneder gammel, fikk jeg høre at legen i bygda skulle på sjukebesøk til en gard lenger nord i skogen. Det var vinters tid. Jeg pakket småtassen godt inn i gode klær, surret ham fast på ryggen min og dro på ski nordover den veiløse leia. Men jeg var godt kjent her og var ikke urolig for turen. Jeg var bare glad over at endelig skulle guttungen ble kyndig undersøkt.

Men jeg fikk en støkk i meg – legen nektet meg å komme inn til ham med barnet. Da tente trassen i meg. Aldri i verda ville jeg finne meg i dette – inn skulle jeg, for det var mitt eget barns framtid om å gjøre. Jeg reiste meg resolutt fra stolen og gikk besluttsomt, og med behersket uro, inn til legen.

Jeg pakket ut guttungen uten å si noe. Legen var irritert og morsk. Det lå noe kjølig og frastøtende rundt ham. Veslekrypet lå med beina rett imot legen, og jeg satt full av angst – hva kom til å skje? Plutselig hogg legen tak i beina på gutten og rykket ham opp i fanget sitt. Han undersøkte gutten litt, hele tiden under en slags bebreidende mumling. Så kikket han opp på meg og sa hånlig: – Det er ingen ting om å gjøre med det barnet!

Da orket jeg ikke tie lenger. Jeg klemte på magen til ungen, på venstre sida, der det var en hard kul. – Hva er dette da, doktor? spurte jeg, fortvilet og pågående.

Legen la handa si akkurat der jeg hadde hatt mi. I samme øyeblikket ble han så underlig, så mild og forandret. Så ga han seg til å rose meg – rose meg fordi jeg hadde vært oppmerksom på guttens tilstand. Men det var ikke skamros og anerkjennelse jeg trengte nå – jeg ville ha visshet om barnets helse. Og den fikk jeg: – Engelsk syke, sa legen.

Jeg fikk medisiner til barnet, men hadde jeg fått legehjelp før, ville Jul trolig blitt spart for mye som ventet ham. Etter som årene kom, skjønte jeg mer og mer at han hadde dårlig hørsel. Og en dag oppdaget jeg også noe annet: Jul var med meg på butikken, han var åtte år nå. På veien møtte vi ei dame vi kjente. Vi så henne på lang avstand, men gutten så ikke hvem det var før hun var like innpå oss. Jeg ble forskrekket over det. Ingen av oss hadde forstått hvor ille det sto til med synet hans. Nå skjønte jeg hvorfor de mente på skolen at gutten var tilbakestående.

Gunnhild var sikker i sin optimisme, en dag skulle nok Jul lære å lese og skrive. Hun begynte å undervise ham selv, det var framgang for hver dag. Men gutten holdt ikke ut lange stunder om gangen, han fikk en voldsom hodepine og måtte avbryte undervisningen. Hodepinen var øynenes skyld, mente Gunnhild, og søkte legehjelp i nabobygda. Hun fikk rett. Guttens syn var så elendig at legen ikke hadde sterke nok briller til ham. Det skulle ordnes senere. Men før brillene kom, var det samling i Innbygda av barn som var «annerledes», en spesialist skulle teste smårollingene for skolegang.

— Det gikk dårlig for Jul. Spesialisten eksaminerte gutten i 10—15 minutter og slo fast at han hadde ingenting på en skole å gjøre, verken nå eller i framtida. Dette ville jeg ikke godta, det var som om jeg hadde møtt urettferdigheten personlig. Og stø som fjell, men full av harme med tårer i fritt løp, vendte jeg meg mot spesialisten og sa: — Je skal vise både deg og are, at med Guds hjelp går det an å lære guten . . .

Med den klippetroen reiste Gunnhild og Jul tilbake til Vangen.

En dag kom brillene som legen i nabobygda hadde lovet Jul. Det ble en forunderlig dag. Da smågutten fikk brillene på seg, så han den ubarberte faren sin og utbrøt: — Pappa, du har pigger i ansiktet! . . . Så sprang han ut. Ellevill av begeistring ropte han inn til oss: — Er det itte lenger ned åt Lilleholm, da . . . Det var der, i det fjerne, han mange ganger hadde hørt faren fortelle at han kjørte tømmer om vintrene.

Gunnhild fikk nytt mot nå. Og hun leste videre med Jul. Takket være brillene forsvant også hodepinen. Og Jul lærte både å lese og skrive. Han fikk også prøvd seg hos sløydlæreren sammen med de andre barna. Resultatet var godt, og sløydlæreren forsto ikke at gutten skulle hindres i å gå på skole.

— Jeg kunne ikke dy meg, en dag samlet jeg skolebøkene til Jul, i regning og skrivning, også arbeidene fra sløyden, og reiste med gutten til spesialisten som hadde nektet ham skolegang. Jeg syntes, på en måte, at jeg også troppet opp hos ham på vegne av andre barn som kanskje var utsatt for samme skjebne.

Det ble et hardt møte. Til å begynne med ville spesialisten slettes ikke ha noe med oss å bestille. Han var tydelig sint og avvisende. Men jeg var ikke lett «å skvette unna» den dagen, jeg følte at jeg hadde rettferdigheten på min side. Og det endte med at han slengte en tegning på bordet og spurte Jul, med ryggen vendt imot oss, hva han så på tegningen. Gutten sto målløs. Han skjønte at spesialisten var sint, men han forsto ikke hva han spurte om.

— Der kan du se nå! triumferte legen. — Spør selv!

Og da jeg spurte Jul om det samme som spesialisten, svarte han med det samme: — Mamma lager mat åt onga sine. Katta sitter ved matskåla under ovnen. Filleryer på golvet. Et bilde på veggen . . .

Det ble stille i legerommet en lang stund. Så overtok jeg forklaringen: — Tal langsomt og tydelig, du doktor, og vend ansiktet og ikke ryggen mot Jul, så forstår han godt . . . Spesialisten kom med nye prøver, Jul klarte dem alle. Og jeg opplevde et av de store øyeblikk i livet — nå innrømmet spesialisten at han hadde tatt feil. Jul skulle få komme på skole igjen. Vi hadde begge vunnet en seier.

Den kvelden gikk det takkens ord opp mot Guds høye himmel fra den låge Vangen-stua nede i skogmørkret i Trysilbygda.

Jul kom på skole, både i Hønefoss og Oslo. Og selv om syn og hørsel er svekket er han nå i full jobb ved en bedrift i Trysil. Han ble gift i Oslo, men flyttet til hjembygda igjen og bor nå bare et steinkast fra mor Gunnhild. Villaen heter «Solbakken», den har Gunnhild bygd opp med stor egeninnsats, og huset er en gave fra henne.

Omsorg for andre har alltid vært et typisk trekk hos Gunnhild. Å kunne gjøre noe for et menneske har vært ledesnoren. Derfor rørte og uroet det henne den dagen lokalavisen kom med en annonse som skilte seg ut. Annonsen var et nødrop fra en barnevernsnemnd på Hedemarken. To søstre, den ene på 9 år og den andre på 7, måtte bortsettes – de trengte et hjem.

Gunnhild fikk ikke fred for denne annonsen. Hun tenkte på sin egen barndom og oppvekst, årene med fattigdom og mye savn. Det var en tid hun ikke ønsket for andre. Nå kjente hun en trang i seg til å gi disse småjentene trygghet og omsorg. Riktignok var det mange på Vangen fra før, men et par kopper til og et lite krypinn ekstra, måtte det da gå an å få til, mente Gunnhild.

– Og da jeg hørte en stemme i meg sa: – *Du* skal ta dem, Gunnhild – ja, så var jeg ikke i tvil lenger. Jeg var heller ikke i tvil om at det var Guds stemme jeg hørte. Jeg snakket med Lemmek om det hele, og sjøl om han var noe betenkt over enda mer ansvar på Vangen, ble vi enige om å ta til oss småjentene.

Ittnå knussel! mente Gunnhild, Trysilskogens Marthe Svennerud, og skrev til barnevernsnemnda på Hedemarken, at hun tok begge to.

– Jeg ante ikke hva jeg gikk til og hvilke vanskeligheter som tårnet seg opp. Småjentene hadde ikke mange årene bak seg, men det var år på skyggesida, og de hadde allerede satt sine merker. Jentene hadde et umettelig behov for kjærlighet og beskyttelse. Og ingen av dem kunne lese eller skrive. Så var det på'n igjen som «lærerinne» for meg. Det kostet mye slit og tålmodighet, jeg innrømmer det, men begge jentene lærte både å lese og skrive og regne i den tida de var på Vangen. Her fikk den ene jenta sitt hjem i fire år, den andre i to, så «fløy de fra redet» på Vangen og kom i nye omgivelser. Jeg fikk flere brev fra dem etterpå, men nå har jeg ingen ting hørt på mange år. Jeg vet ikke en gang hvor jentene er og hvordan de har det. Men en ting vet jeg: Jeg angrer ikke et øyeblikk på at jeg tok jentene til meg. De gjorde livet mitt rikere. Jeg fikk kjærlighet og mange omfavnelser.

Faktorenes orden er likegyldig for Gunnhild.

I en sjukejournal på et hospital i Oslo finnes også navnet til Gunnhild Vestad. Stilling: «Byggmester». Legene har med respekt og humør gitt Gunnhild fra skogene denne yrkestittelen etter at de lærte henne å kjenne. Etter en svulstoperasjon for endel år siden, har Gunnhild vært til jevnlig kontroll i hovedstaden. Dermed nådde ryktene legene om at den sterke kona fra skogbygda hadde vært med og satt opp det ene huset etter det andre. Og når et hus sto ferdig, ga hun det bort til folk som trengte det!

– Jeg hadde jo prøvd meg på husbygging på Vangen, både på stua og uthusene. Når folk ville hjelpe meg med det tyngste arbeidet, var jeg aldri redd for å sette i gang. Og da jeg ble kjent med to misjonærdamer, predikantene Else og Sigrid, som reiste land og strand rundt og alltid bodde i en koffert, syntes jeg det var meningsløst om de skulle møte alderdommen uten et hjem. Jeg satte meg som et mål å gi dem det. Og så bygde jeg «Skorgan», et lite hus i nærheten av der jeg bor, med stue, kjøkken, soverom og en veranda utafor. Og med kjeller under hele huset. Jeg leide hjelp til muringen, reisverket og takleggingen – resten greide jeg alene. Jeg fløy som en skyttel mellom Vangen og nybygget. Dagene hadde ikke timer nok, likevel gikk jeg aldri til sengs uten å glede meg til neste morgen. 700 kroner fikk jeg i rene penger til huset, resten måtte jeg skaffe sjøl.

Jeg trur det var en lykkelig dag for Else og Sigrid da de flyttet inn i hjemmet sitt. Innflytterdagen var jeg på setra, men tankene mine hadde lett for å trekke ned til dalen og «Skorgan».

Gunnhild har ikke kjent seg så sterk som før etter svulstoperasjonen – hun fikk smerter i venstre side av halsen og hodet, og venstrearmen har ikke vært så arbeidsvillig lenger. Lemmek begynte også å

Gunnhild fikk høre om to misjonærkvinner som var i ferd med å møte alderdommen uten å ha et hjem å bo i. Da bygde Gunnhild «Skorgan», en liten villa ved Slettåsgrenda, og ga den bort til predikantene, – «Ittnå knussel» hos Trysilskogens Marthe Svennerud!

skrante mer, astmabronkitten reduserte ham stadig. Og etter en ny, positiv kontroll i Oslo, bestemte Gunnhild seg for å bygge egen bolig til Lemmek og seg.

— Jeg fikk kjøpt tomt i nærheten av Vangen og satte i gang rydding her. Under en storm var det falt en hel masse skog i åsen mellom Sletta og Vangen. Den fikk jeg lov til å hogge opp og kviste, 40—50 kubikkmeter i alt. Og sønnen min, Kolbjørn, kjørte tømmeret ned til Vangen. Der var jeg med på saga og skar stokkene til materialer, til reisverk og ytterkledninger. Jeg fikk hjelp til støpning av kjeller og grunnmur, pipa og sjølve reisverket. Mesteparten av det andre gjorde jeg sjøl. Det var en travel tid. Men jeg kalte huset vårt «Ro», da jeg var ferdig og Lemmek og jeg flyttet inn til en fredfull alderdom.

— Det var etter denne byggesommeren legene i Oslo ville ha rede på hva jeg hadde drevet med siden forrige kontrollen. Jeg ville ikke ut med det, men legene ga seg ikke. Og da de fikk høre at pasienten deres hadde bygd seg nytt hus, skrev de, for moro skyld, «byggmester Vestad» i journalen sin. Jeg måtte bare godta den velmente spøken. Det som betydde noe for meg, var at kreftene holdt og at Lemmek og jeg var sikret vår aldersbolig.

Oslo-kontrollen ga Gunnhild god tro på at helsa ville holde. Det styrket livslysten. Og nå ga hun seg i kast med enda en ny «byggeoperasjon» — sønnen Jul og hans døvstumme kone Ragnhild skulle også få hus av henne. Og snart var Gunnhild i gang med sementblanding og støpning, murpuss og fylling av jord og stein, kledning innvendig og utvendig og til nytte når sønnen Kolbjørn og andre medhjelpere hadde bruk for et løft og en håndsrekning. Og etter at «Solbakken» var ferdig og gitt bort til Jul og svigerdatteren, hadde tiltakslysten fortsatt ikke gitt seg. Nå bygde Gunnhild et romslig hønsehus hjemme på «Ro» – til og med reisverket var «byggmester Vestad» alene om denne gang!

For 75 år siden ble en liten småjente pakket inn og surret fast på en rygg og båret den bratte seterveien fra Nordli ved Engersjøen opp til Rypåssetra øst i fjellet. «Bylten» var Gunnhild, og det var hennes første tur til en sommer på setra. Det var først i juni – nede i dalen hadde bjørka såvidt fått grønne museører på kvistene, men oppe i høydene var riset svart ennå.

Slik startet et langt fjelliv. Og setra, med dyr og kulokk, ysting og kjerning og småunger stabbende omkring mellom blomster og blad kom til å bety noe spesielt for henne. Gunnhild var bare åtte år da hun begynte som gjeterjente på Rypåssetra som faren hadde bygd opp. I styggvær og våte dager, og når tordenværet flerret over himmelen, var det alltid godt å krype inn til bjellekua og riktig kroe seg tett inn i halsgropa.

Naturen selv var Gunnhilds egen klokke i disse gjeterjenteårene, – samspillet mellom sola og naturen fortalte henne hvilken tid det var på dagen. Sto sola over Gnolla var klokka 9, over Risåsen i sør var klokka 12, over Hemfjellet klokka 15, og hang solskiva over Vestre Metsjøkanken, var klokka 17. Da var det tid til å samle buskapen og få den på veien hjem til setra, til melking og kveldsstell.

– Jeg syntes alltid at buferdsdagene var så ar-

tige. Folk og krøtter var i ekstra godlag da, og dyra trengte sannelig å komme bort fra band og tomme krybber i dalen. I løa på setra var det bestandig holdt litt høy tilbake til krøttera kom. For dyra var det rene julekvelden når de nådde setra og fikk gasse i seg av fôret. Vi andre måtte bare gi oss i kast med muselorten – trøste og bære meg, så mye musa gjorde i seterstua på en vinter! Vi feide det unna sammen med annet rusk, skurte golvet med koster av granbar og strødde over med kvitvidje. Da duftet det friskt og riktig, og det varte ikke lenge før vi kjente igjen den gode seterstemningen. Og når vi hadde klippet avispapir i de mest oppfinnsomme mønstre – vi smårollinger kappes om det – og fått lagt det på hyller og hengt opp stasen som gardiner, ja, da kunne seterlivet begynne under fjellbandet.

Dagene skiftet mellom angsten for å gjete bort buskapen og lekene vi fant på. Vi «vippet», «slo ball» som var nøstet sammen av filler, laget innhegninger og satte inn mange dyr, der kuer, kalver, okser, sauer og geiter var stein og kongler vi fant. Vi var rike i leken vår, selv om vi var fattige i virkeligheten.

Gjeterdagene var både gode og vonde, og i blant kom også overraskelser. En dag Gunnhild gjette sammen med en jente som het Anne, oppdaget de en hjelpeløs lamunge, den hadde gått seg fast ute på

– På setra har je lagt att mye av meg sjøl, sier Gunnhild og rengjør den store kobberkjelen på Rypåssetra. Hun er en god representant for den norske seterdriften med ysting og kjerning på tradisjonelt vis. – Nybakt natronstomp med gult setersmør og gubbost var rene festmaten!

en stor myr. Anne og Gunnhild gikk øyeblikkelig inn for å berge lamungen. Så oppslukt og helhjertet var småjentene av «redningsaksjonen», at de fullstendig glemte krøttera de skulle passe på. Til stor forskrekkelse gikk det opp for dem at alle dyra var forsvunnet. Men pytt med det, lamungen var jo berget! Og så skulle Anne prøve å finne buskapen igjen mens Gunnhild gikk med lammet til setra.

Veien var lang og lamungen tung. Men det gjorde ingen ting, syntes hun, for nå lå det vesle lammet med hodet sitt over aksla hennes, og hun kjente en våt varme mot bringa. Heseblesende, men lykkelig kom Gunnhild vaggende mot setra med beina på lamungen dinglende over knærne sine. Endelig! – nå var hun framme ved seterfjøset og slapp den myrskitne «ulldotten» inn i tryggheten.

I all hast skyndte Gunnhild seg tilbake til Anne og dyra. Men først møtte hun en sint gubbe på fjellveien. Bebreidende forklarte han Gunnhild, at hun var en dårlig gjeterjente – han hadde funnet buskapen hennes midt ute på slåtte-enget sitt. Og det skulle de værsgod holdes borte fra!

– Å trø i graset var en stor synd blant de nøysomme, gamle tryslingene. Mor mi var streng slik, og bråsinnet tok henne hvis vi gikk der syra vokste på setra, på fuktig jord bak geitfjøset. Hun syntes heller at dyra skulle ha den søte, saftige syra enn vi unger som gikk og pønsket på å lure til oss en bit.

Men jeg har et slemt minne om syreflekken på setervollen i Rypåssetra, et minne jeg aldri blir kvitt. Mor lå og kvilte inne i seterstua, vi ungene ble sendt ut og fikk beskjed om å holde oss i ro. Det var ikke mye å finne på, men bror Ivar mente at det bråkte ikke å rykke opp litt syre og kose seg med i sørveggen. Jeg syntes Ivar var en modig maur. – Je tør, for nå søv a mor, sa han. Og jeg luntet med. Jeg sto med åpent forkle mens Ivar plukket og la syra oppi. Men den idyllen var det fort slutt på. Mors årvåkenhet var større enn vi hadde regnet med, hun hadde oppdaget «storsynderne» og kom i hissig sprang imot oss med en bjørkesvolk i handa. Jeg var klar over hva vi kunne vente. Jeg hadde fått juling før, med en tørrgrankvist, fordi jeg hadde latt meg friste til å nappe to sukkerbiter fra ei skål på ei hylle. Men det var nok Ivar som skulle få svi denne gangen. Mor satte etter Ivar med faste, raske skritt – han langet ut over setervollen og hadde ment seg over gjerdet. Men den gang ei, – mor innhentet ham akkurat ved gjerdet, og der fikk gutten smake bjørkesvolken over ryggen. Etterpå satt Ivar og jeg sørom buveggen, slik vi hadde drømt om. Men smaken ble noe helt annet enn vi tenkte oss. Nå satt Ivar med bar overkropp, og jeg så kvite «pølser» med rødt omkring på ryggen hans etter slagene. Vi trykket oss tett sammen, og jeg satt og blåste på blemmene hans for at han skulle få det litt bedre. Jeg spurte om det var vondt. Men Ivar bet tennene sammen, og det kom ikke et klynk fra ham. Fra den dagen hadde Ivar en beundrer i meg.

Folkevonde dyr dukket opp iblant i krøtterflokkene på setra. Oksen «Krusen» var en av dem – kvit, rød og kruset i hodet fløy den mellom dyr og gjetere og gjorde det utrygt. Gjeterguttene Bertil og Gjermund på en naboseter ble slengt til værs og havnet i en steinrøys. Og en dag ved Velt-Røa, like ved Holbekken, var det Gunnhilds tur. «Krusen» fikk Gunnhild på nakken sin og sendte henne med stor kraft ut over myra. Det ble siste sprettet «Krusen» gjorde i setertraktene, for like etterpå fikk oksen en striesekk over hodet og førtes ned til dalen og slakteren.

Fra gammeltida i grensetraktene blir det også fortalt om en sint bukk som regjerte i fjellet. En eldre kone nord i dalen ble stanget så voldsomt av bukken at hun gikk ufør i lengre tid. Mannen til kona samrådde seg med sønnen, og i fellesskap ble dødsdommen avsagt. Det var også full enighet om at eksekusjonen skulle skje ved halshogging, og at verken faren eller sønnen ville ha en bit av bukken som hadde oppført seg så sjofelt overfor husmoren på garden. For riktig å kvitte seg grundig med den, rodde karene den henrettede bukken i en båt ut på en holme og begravde den der. Bygdefolket var overtroiske i de dager, de ville forsikre seg om at den bryske, illsinte bukken ikke kom som gjenferd med pukstrekene sine.

Men den bukken Gunnhild husker best, er «Kvitfell». Hun hadde leid Blekufjellsetra da og lå der med mange dyr og tre døtre – Marry, Ragnhild og Lilly, som var 8, 6 og 4 år gamle. En dag Gunnhild minnes, var småjentene i sving med å gjøre rent i fjøset – selv hadde hun vaskeklutene i gang inne i seterstua. I flukt med stua var det også bygd en gang med dør ut, og fra denne gangen gikk døra inn til matbua. «Kvitfell» var en oppvakt luring som fulgte seterstellet med nysgjerrighet og baktanker – den visste godt at bak buveggen skjulte seterlivets delikatesser seg, sur, tjukk rømme i butter og duftende kvitoster til lagring. I tillegg hadde Gunnhild kokt en stor kjele med blåbær, den sto som en uimotståelighet mellom trau og treformer. Den som enda slapp inn i det paradiset!

Men det skulle aldri skje «Kvitfell», mente Gunnhild. Hun hadde for lengst gjennomskuet det uskyldige engleblikket den kvitraggete bukken satte opp mot henne. Tillitsforholdet var så skrøpelig som det kunne være. Derfor hadde småjentene stadig påbud om å lukke døra etter seg og hindre angrep fra «Kvitfell» – i motsatt fall ville det vanke juling.

Men takk skjebne – plutselig hørte Gunnhild noen mistenkelige låter fra bua. Det surklet og slafset og plasket. Hun hastet gjennom seterdøra og ble fort overbevist om at hennes antakelser medførte riktighet. Budøra sto på vidt gap, og midt mellom bøtter og butter og ost og rømme, løftet «Kvitfell» et tilgjort uskyldsblikk opp mot Gunnhild. Bukkehodet var godt tilsmurt av gul rømme, og fra det praktfulle hakeskjegget dryppet det blått og heftig etter visitter i blåbærkjelen. Rundt omkring på treplankene lå kvitostene med djupe gnagsår etter smaksprøver før «Kvitfell» hadde lagt sin kjærlighet på buas beste ost. Nå holdt den kjeften i fullstendig ro for å bortlede all tvil. Men bevisene hang ennå fast i store klumper rundt munnvikene. Grådigere forsyning hadde Gunnhild aldri sett, og mettere mage kunne umulig ha vært innom Blekufjellsetra før.

Gunnhild var arg og fortvilet, og «Kvitfell» fikk ikke store sjansen til å takke pent for maten. I tunge byks ble den skysset ut gjennom gangdøra. Den prøvde seg på et friskt fraspark før den luntet opp over setervollen og forsvant mellom strå og blomster.

Gunnhild hadde et lite oppgjør med seg selv – hva skulle hun nå foreta seg med småjentene? Hun var nødt til, syntes hun, å stadfeste sin formaning og sitt påbud om at gangdøra måtte være lukket for «Kvitfell.»

– Kom her, unger! ropte Gunnhild opp mot fjøset – kom og se hva «Kvitfell» har gjort.

Jentene forsto hvor landet lå. Og ned mot seterbua kom de som perler på en snor, like etter hverandre. Gunnhild så i ansiktene på dem at de følte seg medskyldige og at de var sikre på hva som ventet dem. De så uvisse på hverandre, det var et snev av frykt i øynene.

– Ja, sa Gunnhild, jeg har sagt at det blir juling hvis dere ikke passer på «Kvitfell». Og dere skal værsgod sjølve finne bjørkekvisten!

Stille og duknakket labbet de tre småjentene opp over setervollen. Stundens alvor preget dem.

Gunnhild sto i døra og fulgte dem med øynene. De gikk kloss innpå hverandre og kikket seg alvorlig rundt. Ved en liten bjørk stanset de. De pekte på en kvist, ikke særlig grov og lang, og ble enige om å prøve seg med den.

Gunnhild følte seg lettet da de kom med langsomme skritt og usikre leverte den korte, spinkle bjørkekvisten. Hun godtok den øyeblikkelig, og hun var fast bestemt på å gjennomføre opplegget sitt. Jentene stilte seg opp, side om side, med ryggen mot moren. Så løftet småjentene forsiktig opp skjørtene sine, og tre blanke rumper sto klare for «øvrigheta» på Blekufjellsetra.

Gunnhild var bløtgjort. Men for å holde ord fikk de hver sin lille snert av bjørkekvisten. Det gjorde ikke såpass vondt, heldigvis, at det kom en tåre fra noen av dem. Og etter en ny formaning, ruslet småjentene opp til fjøset igjen for å gjøre seg ferdige med måking og strøing.

– Jeg hadde litt vondt av småtrolla mine etterpå, og jeg måtte rett som det var titte opp mot sommerfjøset. Men jeg ble fort befridd for den vonde samvittigheten, for ved det ene fjøshjørnet stakk det fram tre små, lattermilde ansikter, det ene over det andre. Det lyste av morskap og gøy mellom grasstråene på vollen. Da de oppdaget at jeg så dem, brast latteren løs. Nå fikk jeg bare slå meg i lag med dem, tenkte jeg, og ruslet oppover mot sommerfjøset. Jeg forsto straks hva moroa kom av, – «Kvitfell» maktet knapt å vagge på seg etter festmåltidet i matbua. Den bare sto overmett og løftet hodet i et lite hav av strå og blomster, ør av blåbærlykke og seterrømme, og prøvde enda en gang å gi inntrykk av at den hadde rent mjøl i posen.

Gunnhild og de tre små seterbudeiene hennes så på hverandre, – så lo de hjertelig alle fire. «Kvitfell» skjønte ingen ting – aller minst at det nettopp var blåfargen i skjegget som forrædersk røpet lykkens opphav og var et bevis på hvilke tvilsomme besøk den hadde avlagt på sine sommervandringer ved Blekufjellet.

I setertraktene der Gunnhild har levd og virket om somrene, har det skjedd mange uforklarlige ting. Overtroen har hatt solid feste her, de underjordiske har dukket opp med sine påfunn og pek i ny og ne. Og huldra – som mange kaller a Tore på disse kanter – har ofte spilt en dominerende rolle i seterlivet og har vært frampå mer enn godt er. Det var alltid klokt å ta hensyn til huldra og stå på god fot med henne, ellers kunne en lett komme i uføre. Og særlig var det storfeet huldra var ute etter. Gamle historier forteller at i grensebygdene her i øst måtte opptil 40 setrer fraflyttes og legges øde fordi huldra var for nærgående. Kom det en ny seter i en li oppunder fjellet, var det ikke bestandig at huldra var glad for det. Da var hun frampå i nattens mulm og mørke – dyr ble melket på båsen, melkekrakker veltet og krøttera løst og jagd ut i marka. På Rømogammelsetra melket huldra kuene så hardt en natt, at da budeia melket neste morgen, fikk hun bare blod i spannet. Like opptil i vår tid har bygdefolket snakket om en hulder som fløy i skogen mellom Gammelsetra og Røysjøvola i rødt sjal og plaget buskapen.

Huldra kunne også synge og etterape folk, og Gammel-Ingri, en troverdig bondekone nord i na bobygda, syntes hun hørte grannen Litlstugu-Jo synge like ved henne en dag hun var i fjellet. Men Gammel-Ingri så ikke naboen sin og forsto at hun var kommet inn i landskapet der huldra og de underjordiske var enerådende. Men enda lenger mot nord, på Vallsetvollen i Ridalen, gikk eneboeren Kirsti Bækka og pratet med de underjordiske. Hun kalte dem for «smågutta mine», og hun påsto at de var til stor nytte for henne. Om kvelden satte «smågutta» seg sammen med henne ved skorsteinspeisen på setra, om dagen jagde de ryper i snarene hennes, og om nettene skysset og sjoet de fisken i rusene.

I Smiedalen, der Gunnhild gjette som lita jente sammen med Anne og Eidar fra nabosetra, lå det en gammel, nedlagt seter. Det hadde spøkt mye der gjennom tidene, folk hadde hørt at det rålte og ulte uhyggelig i bergene omkring. Noen mente at det var de underjordiske som skremte inntrengere og uønsket folk fra å bygge opp seterhus i skogåsene. Andre hadde til og med hørt barneskrik på den nedlagte setra og sett en gammel gubbe stå der og røre i en ystekjele. Og atter andre visste å berette at etter setra var fraflyttet, hadde noen funnet beinrester etter unger på tomta.

— Vi tenkte ikke på slikt den dagen vi kvilte med krøtterhopen vår ved den nedlagte setra. Vi likte oss så godt her, graset var grønt og frodig ved hustuftene, og like nedafor lå et lite tjønn — der kunne dyra vasse uti og vifte på seg vann for å holde myg-

gen og bremsen borte. Eidar, Anne og jeg var akkurat ferdige med å spise gjetermaten vår, da fikk vi plutselig se at det blafret så fint bortafor noen graner nordøst for tjønnet. Til å begynne med var det som et lyserødt skjær mellom trestammene. Så tok det form, og tre småjenter, alle like store, holdt på å leke der. Jentene var så vakre, med lyse fletter og lyserøde kjoler som var rundhalset og fint innringet i livet. Vi sto forundret og stirret på dem, ganske lenge. Men på et øyeblikk forsvant de og var helt borte for oss, bare grantrærne sto der likeens som før. Vi ble forfjamset, så på hverandre, og jeg kjente at det skalv litt i kroppen min.

Men vi fikk fort andre ting å tenke på. Nå oppdaget Eidar og jeg at krøttera våre var forsvunnet, helt lydløst var de kommet seg bort. Bare buskapen til Anne var på plass og lå og sto fredelig rundt setertomta. Eidar og jeg gjorde en runde i marka, men dyra våre var som sunket i jorda. Men så oppdaget vi ferske spor etter noen kuer – sporene gikk i retning mot Gammelhusdalen, en dal nedover mot Trysilelva. Vi brukte aldri å gå her, så vi syntes det var underlig at dyra hadde tatt denne leia.

Vi kom til en liten bekk. På sørsida av bekken lå et falltre, og oppå trestammen satt ei kjerring med

---

Gamle røtter og rare vekster i naturen blir til trollpakk i Gunnhilds fantasi. Fra en stubbe i skogen ved Vangen gliste en trollgubbe imot henne, ved Nyvangsetra sto en illsint og misfornøyd trollkjerringkrok i ensomheten. Gunnhild tok begge med seg hjem og trodde at de ville «finne hverandre» – til og med et eget hus laget hun til dem. Men det ble bare et sinnatagg-par, ler Gunnhild – de er sure om truten, båe to!

bundingsstikker og batt. Det slo meg øyeblikkelig at dette var noe unaturlig – kjerringa enset oss ikke og så ikke opp. Hun satt i gråbrune, grove klær med et svart hodetørkle knyttet under haken. Gråe hårtister stakk fram ved ørene. Og hun hadde en større nese enn jeg noen gang hadde sett på ei kjerring i Trysil. Men jeg festet meg aller mest ved den besynderlige ansiktsfargen kjerringa hadde – en blanding av gult og grått, slik jeg oppfattet det. Omkring seg hadde kjerringa fem røde kuer, skinnende blanke – to sto stille og tre lå på bakken. Det var store, fete dyr, og ingen av dem hadde horn eller bjelle. Alt var trykkende stilt, og det rådde en stemning som var helt merkelig – en fremmed stemning som gjorde oss usikre og fylte oss med angst. Både Eidar og jeg kjente på oss, at vi måtte skynde oss unna her. Og vi tok langfoten fatt, mens kjerringa fortsatte uforstyrret å binde med kuene omkring seg.

Vi sprang i retning mot setra, og på hjemveien nådde vi igjen buskapen vår og fikk den inn i fjøset til rett melketid.

Jeg vet ikke den dag i dag hvem Eidar og jeg så i Gammelhusdalen den gangen, men trulig var det a Tore som var ute i marka med huldredyra sine. Om kvelden fortalte jeg på setra om kjerringa som satt på et falltre og batt. Da sa de voksne at vi hadde gjort det eneste riktige da vi flyktet vår vei.

Den kvelden var også gamla på Stenmo på setra. Hun satt på en krakk ved bordsnippen i seterstua og slo korsets tegn. – I Jesu navn, sa den gamle.

En høstkveld litt senere på Blekufjellsetra opplevde Gunnhild noe hun har undret seg mye over.

Buskapen var kommet hjem til kvelds, men en liten oksekalv manglet. Den tilhørte Skytterstu-krøttera, som Gunnhild hadde tatt til seg på setra det året. Gunnhild var nettopp ferdig med kveldsstellet, klokka nærmet seg elleve, og det begynte å bli mørkt over traktene. Kalven var ennå ikke kommet, og Gunnhild syntes at hun måtte ut og lete. Datteren Marry ba om å få følge med.

– Dyra var kommet hjem fra Botninga den kvelden, så vi tok gangstien oppover Tverrenna-åa, på vestsida. Jeg stanset ofte og lokket. Tonene fløt ikke langt i en slik tett høstkveld, jeg bare ante granene som mørke, tause skikkelser innpå meg. Jeg lokket igjen da vi kom til Botningsgryta og holdt pusten mens vi lyttet, i håp om at kalven ville gi livstegn fra seg. Men svaret vi fikk var et forferdelig skrik. Det remjet uhyggelig imot oss, ikke mange meterne fra der vi sto. Det ilske, kalde skriket gikk som vonde støt igjennom marg og bein. Redselen tok meg, og jeg måtte prøve å bevare fatningen så ikke Marry skulle bli vettskremt. Jentungen måtte ikke forstå at jeg var redd. – Kom, sa jeg, vi går hematt, kalven er itte her.

Så lang hadde veien aldri vært før fra Botningsgryta til setra som denne kvelden. Nesten stiv av skrekk gikk jeg og holdt Marry i handa og prøvde å ta vanlige skritt. Skriket ga seg ikke. Det fulgte med oss hele veien, tett innpå oss, og hele tida like grusomt og illevarslende. Noen ganger kom skriket nede fra bakken, øyeblikket etter steg det til værs. Men ingen tasset eller gikk rundt oss, ingen stein og kongler ble tråkket på, ingen grankvister brast eller vaiet på seg. Først da vi kom fram til setra igjen og gikk over bekken der, stilnet skriket. Alt tystnet, alt var som før, bare hjertet hogg i bringa. Og gudskjelov, neste dag kom kalven uskadd hjem til setra igjen. Men den høstkvelden har festet seg i minnnet, og jeg fryser ennå over ryggen når jeg gjenopplever hendelsen ved Blekufjellsetra.

Søster til Gunnhild, Mette Øvergård, kjenner også kaldskjær i kropp og sinn når hun minnes en natt i Bærmyrbekk-koia i Nordre Trysil:

— Familien bodde i denne koia ei tid. De få krøttera vi eide, fikk vi rom til i stallen. Vi hadde lagt oss, men jeg la merke til at ungene var urolige og rørte på seg hele tida. Utpå natta ville jeg opp og ta en titt på ungene. Da — plutselig — satt det en fæl gubbe på sengekanten min. Han satt med det ene beinet slengt over det andre. Hele tida satt han og vippet og vippet med beinet som han hadde en fryktelig lang sko på. På hodet hadde han ei gyselig stygg lue, rundt halsen et langt skjerf, og han satt i ei gråspraglet jakke. Vippet og vippet, og stirret meg glødende inn i øynene. Jeg var nær på å rope, men så ble jeg redd for at gubben antakelig kom til å kaste seg over meg. Men noe måtte jeg foreta meg, og i fortvilelsen nappet jeg sengeteppet over hodet og sparket til alt jeg klarte. Men jeg råkte ingen, jeg bare sparket ut i løse lufta. Og da jeg vågde «å glåme opp», så jeg ingen fæl gubbe mer. Men jeg trur ennå at det var vondmannen sjøl som satt på sengekanten min den natta. Den trua har styrket seg senere: To kjekke gutter kjøpte Bærmyrbekkkoia for endel år sida og flyttet den opp til Sendsjøen. Der satte de opp koia som fiskebu. Men den vonde flyttet nok med, for det hele endte tragisk. Båten veltet under en tur på sjøen og begge kameratene omkom.

Gunnhild vil bare fastslå: – Det er mer mellom himmel og jord enn vi begriper. I traktene rundt Blekufjellsetra kan du ennå merke ting du ikke har forstand på. Jeg har sjøl opplevd det – flere ganger. Ei sommernatt vakne jeg av at det var et fryktelig spetakkel i geitfjøset. Jeg dit. Da var geitflokken oppskaket og urolig, og tre geiter var løst fra bandene sine. Jeg batt dem fast igjen og gikk og la meg. Men levenet i fjøset begynte på nytt. Jeg opp, og da var de tre samme geitene løst igjen. Akkurat det samme gjentok seg for tredje gang. Men da jeg gikk nedover setervollen igjen da, midtveis mellom sommerfjøset og seterstua, satte det i med en høylytt gapskratt i skogen ovafor. Det lo og det lo, ja, så inderlig godt, at til slutt sto jeg på setervollen i sommernatta og lo, jeg også. Jeg har aldri hørt maken til den latteren, ingen jeg kjente lo slik, og det var noe mystisk over den. At det var alminnelige folk som lo slik, trur jeg ingen ting på.

Gunnhild leide Blekufjellsetra i elleve år, deretter setra i Rognåsen i to somrer, og så fikk hun kjøpt Nyvangsetra som hadde ligget øde i mange år i Eltedalsfjella, like under Skardfjellet. Dette ble setra som fikk hedersplassen i Gunnhilds naturglade og dyrevennlige hjerte. Husene på setra var elendige, men nye materialer ble kjørt over fjellet med traktor, og selv gikk Gunnhild mange vendinger med tjærepapp, spiker og andre bygningsartikler på ryggen opp fra Eltedalen til Nyvangsetra. Hun restaurerte den gamle seterbua og tømret ny stue og nytt fjøs, rev kokehuset ved bekken og satte opp et nytt. Samtidig bygde hun avkjøling, vedskåle og redskapshus. Mesteparten av arbeidet var hun alene om.

I dette praktfulle fjellområdet opp mot Skardfjellet kom Gunnhild inn i en natur og et landskap hvor det gjennom tidene har vandret et utpreget fangst- og jegerfolk, – mange dyregraver i hauger og lier forteller om det. På gjengrodde stier i marka gikk det den gang eltedøler i elghudsbukser, saueskinnshansker og beverluer – og med brystduk, en halsskjorte av reinsdyrskinn. Når en odelsgutt kom til verden på en av velstandsgardene ved Eltedalsfjella, var et krutthorn første gaven han fikk. Og her er det ennå merker i marka etter Vikveien, som de gamle eltedølene gikk over Skaret og Kampflå på tur til fiskeplassene ved Sendsjøen.

Det var denne veien Nyvangs-Johanne kom opp fra Eltedalen med sin Petter-mann forsommeren 1919, de var ute og lette etter plass til å bygge en seter på. Etter knapt en times gange gjennom granskogen i dalsida åpnet fjellriket seg – først Høa med blinkende tjønn, gulhvit sand rundt kjelder med myrull, og så en frodig granskog like før bjørka overtok og lot set underkue av snaufjellet. Og videre ut mot de milevide Trysilskogene og fjella langt inne i Sverige. Akkurat her i skog- og fjellbandet ville Johanne og Petter ha sin seter. Her lå Bjønnmyra like ved og ventet på grøfting og sterke, villige arbeidsnever. Vinteren etter hogg Petter tømmer, dro det fram på kjelke og bygde Nyvangsetra ferdig til innflytting sommeren 1920. Inn i den livlige fuglesangen og rypeskratten kom det nå kubjelleklang og klare lokketoner.

Nyvangs-Johanne var en viljesterk og handlekraftig kvinne, hun markerte seg gjennom strevsomme år ved Eltedalsfjella. Hun kom fra Bratli, en liten plass i stupbratte lia vestafor Engersjøen. Bare åtte år gammel var hun utsatt for en ulykke på sjøisen. Johanne hadde vært med far sin på nettfiske, og den kvikke jenta sørget for at kassa med våte garn og nydratt fisk kom snarest mulig til land. Hun skjøv kassa foran seg på glattisen med god fart, og så skjedde uhellet. Kassa tørnet imot en fastfrosset isklump, og Johanne drev framover. Hun fikk ødelagt ryggen sin for hele livet, – mange ganger var det så ille at hun krøp på alle fire langs de dårlige gangstiene. I voksen alder gikk hun lut og framoverbøyd, og folk så henne stå og kvile i fjellet med den ene handa på kjeppen og den andre handa støttet mot kneet. Da kunne det hende at hun mumlet ordtaket som hun brukte så mye: – Ingen så liten uten at han må tøye seg, ingen så stor uten at han må bøye seg ... Aldri hørte noen en klage fra munnen hennes Nyvangs-Johanne.

I stille flid utførte Johanne sitt arbeid på Nyvangsetra i mer enn 30 somrer. Hun hadde sin lykkeligste tid her, seterlivet ga henne mye glede. Hun var takknemlig i sin hverdagsgjerning, og hun sang mye, om kjærlighet og livets tragedier, over ystekjel og kjerne. Og trolig tenkte hun imellom på de gamle eltedøler som i sin tid skapte liv i marka rundt henne og nyttiggjorde seg utmarksslåtter og moseflåer. Langs sjøer og tjønn, ved åer og bekker og på myrer var det masser av utslåtter i gammeltida. En enkelt gard nede i Eltedalen hadde mellom 25 og 30 høyløer her oppunder Skardfjellet – i hver løe var det minst ti store lass. Og når også moselassene, som var lagt opp innpå fjellet om høsten, skulle hentes med hest og slae, var det rene stortrafikken over viddene her i alt slags vintervær. Men det er en hemmelighet om Nyvangs-Johanne brukte samme skikken som forfedrene sine i Eltedalsfjella – de slo litt høy på St. Hans-dagen, det ga de krøttera på selveste juleaften. «Midtsommergraset» ga en besynderlig kraft, mente de gamle.

Den som kom til Nyvangsetra da Johanne var der, merket seg fort en liten, hjemmegjort vindmølle som surret døgnet rundt på en skigardsstaur mellom seterstua og ystebua. Det var «værvarslinga», den spådde vær og vinddrag i fjellet. Pekte «propellen» mot vest, fastslo Nyvangs-Johanne oppklaring og finvær, mot øst betydde det gråvær og tåke i vente, mot nord kom kald nordavind fra Kampflået, men vendte vindmølla «nesen» sørover, ja, da varslet den sommervarme over Nyvangsetra. Og da var Johanne sikker på at ingen i verden hadde det bedre enn hun hadde det i Eltedalsfjella.

Derfor var det en stusslig septemberdag for Nyvangs-Johanne da år og alderdom tvang henne til å stenge seterdøra for godt.

Nå lå Nyvangsetra øde i elleve år. Men så fikk Gunnhild kjøpt setra, og det kom ny fart i seterdriften under Skardfjellet. Og Gunnhild ga Nyvangsetra en kjærlighetserklæring som Johanne sikkert ville ha samstemt i: – Nyvangsetra vart en del tå meg sjøl.

Tidlig en sommermorgen på Nyvangsetra fikk Gunnhild se en fremmedkar noen hundre meter oppe i fjellet. Skodda hang ennå over fjellet, men

---

– Der bortpå, like i skogkanten opp mot fjellet, så jeg bamsefar første gangen, en tidlig, tåkete sommermorgen, her på Nyvangsetra, forteller Gunnhild. Oppreist sto den og været og glante utover setermarka. Så slapp den seg ned og labbet inn i tåka og fjellet.

det begynte å letne omkring setra, og hun skimtet en stor, mørk skikkelse som sto på to og speidet utover landskapet. Så kvakk det til i Gunnhild – bamsen! Hun visste om at bamsefar hadde hatt farleia si her i lange tider, folk hadde fortalt at når bamsen labbet østover ved helgeleite, kom den tilbake neste helg og luntet mot vest, mot Svartåsen, Blekufjellet og videre inn i Osdalen.

– Først trudde jeg at Lemmek hadde vært i fjellet og kom ned til Nyvangsetra om morgenen. Jeg hadde sett ham komme denne veien mange ganger, og da virket han bare som en unge i forhold til den jeg så nå. Så hentet jeg kikkerten inne i seterstua, og da skal du ha takk – bamsen fylte hele kikkertglassene! Nå sto den ikke oppreist lenger, men hadde sluppet seg ned og gikk lubben og brun i pelsen og snuste i bakken. Så gadd den ikke det lenger, men snudde den runde rumpa imot meg og spankulerte inn i tåketappene og fjellet.

Gunnhild opplevde flere møter med bamsen de årene hun var på Nyvangsetra. Noen ganger skremte den geitene hennes, andre ganger ble hun selv skremt. Og en sensommerdag tapte hun til og med «multeslaget» med bamsefar. Både Gunnhild og bjørnen var elskere av fjellets gule gull og nærmest overvåket hverandre for å være først ute når multa var moden.

I Bjønnrusta, et rålendt krongleterreng med noen småbekker igjennom, sto multa sjelden fin og saftig. Den ville Gunnhild sikre seg, og passet ekstra godt på. Men hun fikk «lang nese» den dagen hun troppet opp med spannet sitt. Noen hadde allerede forsynt seg før henne, og det var ikke vanskelig å skjønne hvem som hadde vært så grådig – alt var nedtråkket av bamseføtter. Og for riktig å triumfere i seiersrusen, hadde den ertelystne bamsen lagt igjen «visittkortet» sitt. Det var laget før multefesten og besto for det meste av maurtue, løv og grasstrå.

– Jeg skjønte på dyra mine når bamsen var i nærheten. En dag på Nyvangsetra var det håpløst å få geiteflokken til å gå i skogen og fjellet. Så snart jeg hadde lokket flokken av garde, kom de settende som et rep nedover fjellsida og klumpet seg sammen ved fjøsdøra, oppskremte og urolige. Jeg hadde mine bange anelser, men jeg ville prøve å roe flokken og få den til skogs igjen. Jeg fikk slenge meg med de oppspilte geitene mine og følge dem et stykke på vei. Det gikk bra helt til vi kom ned i en gropdal bortafor setra. Der sto småbjørka tett i et stygt lende med tuer og kratt. Her bråstoppet geitene. Så strømmet de bent imot meg og presset seg sammen i en klynge omkring meg. Jeg sto bom fast i flokken. Og hver eneste geit «låste fast» ørene og så østover. Jeg prøvde å besinne meg, og tenkte for meg sjøl: Jaså, er det her østpå du lusker og sikler på geitene mine. Og kanskje var det lite gjennomtenkt, men plutselig hørte jeg min egen stemme: – Hold deg unna Nyvangsetra, du rører itte geitene mine!

Litt dumdristig var det, men etter ei stund roet i hvert fall geitene seg. Jeg fulgte dem et stykke opp i fjellet og gikk fra dem der. Bamsen så jeg ikke mer til da, men jeg var ikke høy i hatten da jeg gikk igjennom gropdalen og kom gjennomvåt av svette hjem til setra igjen.

Men ei sommernatt senere kom bamsen på nytt besøk til Nyvangsetra. Småjenta mi, Lilly, og ei bikkje var med meg på setra da. Bikkja sto utafor seterstua. Midt på natta ble vi vekket av bikkja som ulte og bjeffet voldsommere enn vi var vant med. – Nå er'n her att, sa jeg til datter mi, begge var fort på det rene med at vi hadde bamsen i nærheten. – Du får itte gå ut, mamma! ba Lilly og satt livredd i senga. Men du kan skjønne jeg ville redde bikkja inn att. Jeg hadde ikke før fått opp seterdøra, så remjet det til like nedafor bakken. – U-u-u-hu, u-u-hu, brølte det rett imot meg. Bamsen var ikke mange meterne fra meg nå. Bikkja var helt fra seg av redsel og rev og skrek som en villstyring i bandet. Litt hard hjertedunk kjente jeg nok i bringa mi, men jeg prøvde å ta det rolig for Lillys skyld, og jeg måtte stramme meg opp for å hjelpe bikkja. Så fort jeg var i stand til, løp jeg over til bikkja, slet løs bandet og sprang som for livet inn gjennom seterdøra. Bamsen skjønte nå at leken, eller slaget, var tapt. Den bråsnudde og tok leia si vestover mot Svartåsen.

I åtte somrer var Gunnhild på Nyvangsetra. Men det gikk nedover med Lemmek, astmaen ble stadig verre og mer plagsom, og han greide seg ikke selv lenger. Så var det ikke andre valg for Gunnhild, det måtte bli slutt på seterlivet, nå måtte hun bli hos Lemmek hjemme på «Ro».

– De siste åra var Lemmek helt hjelpeløs. Han kunne ikke kle på seg lenger eller mate seg sjøl, han måtte løftes og bæres. Det ble de tyngste takene i mitt liv. I tillegg kom angsten, jeg kunne ikke slippe øynene fra ham et sekund.

Siste dagen Lemmek levde satt jeg ved senga hans. Han grep handa mi og holdt den lenge. Det var som om han ikke ville slippe taket, og jeg undret meg over, så svak han var, at han ennå kunne holde meg så fast. Han forsto nok nå at det bar mot slutten. Det faste handtaket virket på meg som en takk for alt vi hadde løftet sammen.

Noen timer etterpå var det slutt. Jeg unte ham å få slippe unna nå. Han Lemmek hadde gjort sitt.

Gunnhilds hverdag er ennå full av aktivitet og virketrang. Å sitte med hendene i fanget har aldri hatt en mening for henne. Ettertenksomheten preger henne hjemme i stua på «Ro», og hun har funnet sin forankring. Hun har også funnet en sikker konklusjon på det lange livet sitt i grensebygda mot Kjølen:

— Jeg har vært i tvil om hvor mye jeg skulle fortelle om mor. Kanskje skulle jeg ikke ha sagt noe om de gangene jeg fikk pryl, om bjørkekvisten som gjorde vondt, om strengheten som skremte meg, om et ubehersket sinn som vi var redde for. Men jeg fant at jeg burde være åpen og ærlig. Ellers ville ikke glimtene, som har vært avgjørende for meg, gjøre historien min riktig. Jeg kan ikke fortie øyeblikk som har preget meg sia.

Men jeg vil skynde meg å si, at et forsoningens skjær er kommet over minnene om mor. Det bunner i forståelse. Ingen kan vel vente varme og balanse der fattigdommen griner imot en på alle kanter, der det stadig er avskjed med en unge som må sendes hjemmefra, mens en sugerunge ligger ved brystet og ei ny spire er i vekst i magen. Mor måtte aldri vise seg svak, det skulle styrke til å bære hverdagen hennes. Jeg forstår nå at fanget jeg aldri fikk sitte på, sjelden fikk være i ro, og at det da måtte være opptatt av dem som var mindre enn meg.

Men mindreverdighetsfølelsen har likevel fulgt meg som en skygge. Bitterheten og angsten har mildnet, men jeg har aldri blitt kvitt dem. Helst har jeg ønsket å holde meg i bakgrunnen, gjemme meg bort på samme måten som da jeg var skolejente og skjulte de stygge skoene mine under en for lang kjole. Fattigdommen fikk så sterkt tak i min barndom, at den sitter i meg ennå. Men kanskje tente disse årene en drivkraft og en lyst i meg til å være noe for andre.

Idag ser jeg livet mitt som en eneste lang og sammenhengende arbeidsdag. Mange ganger var det nødvendig å bruke øksa for å hogge seg fram, andre ganger var det kraften fra Vårherre som ga livsmot. Det var aldri mørkere enn at lyset slapp fram. Mismotet var aldri større enn at velsignelsen reiste det opp. Og det viktigste av alt: Øksa og Vårherre ga meg alltid trygghet.

Mange ganger har Gunnhild tenkt på den natta hun lå i vinterfjellet under åpen himmel sammen med far sin og drømte om at englene tente en stjerne hver gang hun var glad. Nå har kveldshimmelen trukket seg over livet til Gunnhild. Det er mange stjerner på den.